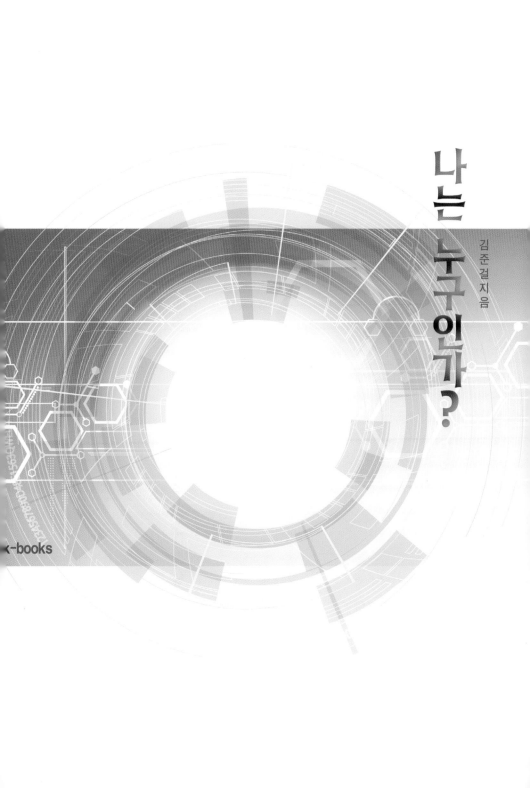

나는 누구인가?

김준걸 지음

k-books

나는 누구인가?

현대물리학에서 알려주는 깨달음의 세계

k-books

나는 누구인가?

초판 1쇄 2016년 8월 6일
초판 2쇄 2020년 9월 9일

지은이 | 김준걸
펴낸이 | 기우근
펴낸곳 | k-books
출판등록 | 2000.6.12(제215-92-26359)
주소 | 서울시 송파구 송파동 오금로 188
홈페이지 | www.k-books.kr
전화번호 | (02)423-8411
팩스 | (02)423-8465
저작권 및 문의 관련 | taotao2@hanmail.net
ISBN 979-11-85038-22-3
PAPER | 무림페이퍼 네오스타스노우화이트 120g/㎡

국립중앙도서관 CIP

나는 누구인가?
지은이 : 김준걸
서울 : k-books, 2016 (신국판)
철학적 인간학[哲學的人間學]
ISBN 979-11-85038-22-3 03110. 값15,000원
126-KDC6
126-DDC23   CIP2016018348

프롤로그

세상에는 가치 있는 일이 수없이 많다. 하지만 그 어떤 것이 되었든 '나'를 찾는 일보다 우선하는 것은 없다.

나는 누구인가?

이 물음은 인류에게 이성이 싹트면서 시작된 가장 오래되고 본질적인 화두이다. 돌이켜보면 2천5백 년 전에 싯다르타를 위시해서 '나'를 찾았다는 사람들이 간간이 있었지만, 그것이 철학적 논거와 과학적 증명으로 객관화된 적은 없었다.

그래도 다행한 것은 그들로부터 '나'를 찾을 수 있는 실마리 몇 개를 얻었다는 사실이다. 그 대표적인 것으로 '일체유심조一切唯心造'와 '천상천하유아독존天上天下唯我獨存'이 있다.

그런데 「마음이 세상을 만들고, 그 세상에 저만 홀로 존재한다」는 얘기는 얼핏 봐도 비논리적이고 독선적이지 않을 수 없다. 문학이나 시詩의 영역이라면 모를까 논리적 사유를 요구하는 철학과는 전혀 어울리지 않는다. 그럼에도 한 소식 들었다는 각자覺者들의 입에서 이구동성으로 비슷한 얘기가 흘러나오는 까닭은 무엇일까?

너무 수행에 몰두하다가 판단에 이상이 생긴 것이 아니라면 우리가 알지 못하는 어떤 고차원적 진실이 숨어 있는 건지도 모른다.

베일에 싸인 깨달음의 비밀, 그것을 객관적으로 밝혀 우리 모두가 나누어 가질 수는 없을까? 그렇게만 된다면 개개인의 영적 진화는 물론이고 인류 평화와 공영에도 적잖은 보탬이 될 것이다.

하지만 그런 큰일을 이루려면 일반 대중들이 납득할 만한 논리부터 갖추어야 한다. 우리의 이성은 보고 듣고 만져지는 것에 흠뻑 길들여져 있다. 뭔가 실체가 분명하면서 합리적이어야 수긍하고 따르게 된다는 얘기인데, 그런 것으로 치자면 과학만 한 것이 없다.

과학…, 바로 여기서 '나'에 관한 실마리를 찾아보면 어떨까?

과학이 진부한 상태에 머무르고 있다면 모르지만, 오늘날의 과학은 우리의 3차원 한계를 넘어서고 있다. 이제 철학적 견지에서 형이하학形而下學이라고 폄하 받던 과학은 옛말이고, 어느덧 형이상形而上의 영역까지 바싹 다가와 있다. 그렇기에 인류가 그토록 궁구했던 「나는 누구인가?」의 답을 찾기 위해 과학적 사실을 한껏 들여다볼 필요가 있다.

가령, 생명과학에서 말하는 거울뉴런(mirror neurons)은 인류라는 단 하나의 생명체에 대해 알려 주고, 양자역학의 이중슬릿 실험에서는 관찰자인 '나'가 우주 전체일 가능성에 대해 고민하게 해준다. '천상천하유아독존'이 그냥 지나가는 애기로 나온 게 아니라는 것이다.

또한 현대물리학의 발달로 인해 입자의 존재가 부정되고 파동과 에너지가 부각되었다. 그러자 양자역학자들 사이에서 의식도 과학의 일부라는 말까지 흘러나오고 있다. 추상적이고 모호한 '일체유심조'가 과학에 조금이나마 개입되고 있는 것이다.

3차원은 無와 有, 쉽게 말해 0과 1로 이루어진 세계이다. 그래서 인류가 이룩해 온 모든 학문은 0과 1의 대들보 위에 놓여 있다. 원래 학문은 철학 딱 하나였다. 철학은 0에서 1이 어떻게 나왔는지를 밝히는 학문이다. 이것이 풀어지면 「나는 누구인가?」의 화두 역시 해결된다.

그런데 아무리 궁구해도 이것에 대한 납득할 만한 답을 찾을 수 없었다. 그러자 0을 부정하고 1의 자존自存을 주장하는 사람들이 생겨났는데, 여기서 종교가 태동하였다.

종교가 번성해도 철학자들은 1의 자존自存을 거부했고, 어떻게든 0에서 실마리를 찾으려 했다. 이때 그 해법을 이성보다 직관과 심리에 의존하는 사람들이 나오게 되니, 수행자들이다. 그리고 1을 밝혀 0으로의 연결을 시도하는 사람들도 있었으니, 바로 과학자들이다.

철학	0→1을 이성理性으로 밝힌다.
종교	1의 자존自存을 믿는다.
수행	0→1을 직관直觀과 심리心理로 깨닫는다.
과학	1을 관찰하고 실험하여 0을 증명한다.

이렇게 철학의 0과 1의 문제 때문에 종교와 수행, 과학이 떨어져 나오게 되었다. 그래서 과학의 본래 목적은 0에 있다. 물론 오늘날 제1원인과 실존實存을 화두로 걸어 놓고 연구하는 과학자들은 거의 없다. 그렇더라도 과학이 철학에서 떨어져 나올 때는 이런 거창한 명분에 의해서였다.

「1→0」의 사명을 알든 모르든 과학자들은 본능적으로 0을 추구한다. 그래서 입자가 있으면 그것을 쌍소멸시킬 반입자가 있어야 하고, 물질이 있으면 그것에 반대되는 반물질도 함께해야 한다. 우리 눈에 보이는 물질과 에너지가 있으면 감춰져 있는 암흑물질과 암흑에너지도 준비돼 있어야 한다.

시간과 공간도 대칭으로 맞물려 하나가 되어야 하며, 그 안에 존재하는 모든 물질을 합하면 질량이 0이 되어야 한다[1]. 이때 극히 일부의 에너지라도 외계로 빠져나가면 안 되기에 「열역학 제1법칙」도 있어야 한다. 그리고 우주의 질서를 무너뜨려야 0에 가까워지기에 「열역학 제2법칙」도 따라오게 된다.

미시세계 역시 모든 입자들이 대칭을 이루어 질량이 0이 되어야 한다. 그래서 현대물리학의 상징과도 같은 표준모형은 '게이지(gauge)대칭'을 써서 우주의 질량 총합을 0으로 만든다[2]. 그런 연후에 1이 나오는 과정을 설명하기 위해 '자발적 대칭성 깨짐(spontaneous symmetry breaking)'을 도입하고 '힉스 입자'를 찾아 나서게 된다.

과학자들이 알고 그랬든 모르고 그랬든 과학은 1을 풀어 0을 완성하기 위한 학문이다. 만일 우주의 에너지 총합이 0이 아니라 1이면 종교의 영역이 되고 만다. 그래서 빅뱅을 일으킨 특이점 역시 0이 되어야 한다. 만일 계산 결과 질량이 있는 것으로 나오면 특이점 이전으로 숙제를 미루어야 한다. 어떡하든 총합은 0이 되어야 하며, 이것이 과학이 태동한 본래 이유이다. - 질량이 무한대로 커지면 차원이 역전되면서 0과 같아진다.

그렇다면 오늘날 이 시점에 다시 한 번 0과 1을 떠올려 보자? 둘 가운데 무엇이 먼저이고 진실인가?

1의 자존성自存性을 인정하면 과학과 철학은 그 순간 학문으로서의 사망선고가 내려진다. 1이 실존이면 종교로 전락하기 때문이다.

---

1) 가령 입자와 반입자, 또는 초대칭 입자 모두 양(+)의 질량을 가지지만 둘이 쌍으로 만나면 질량이 0이 된다.
2) 사실은 게이지 대칭을 맞추려다 보니 입자들의 질량이 없게 된 것인데, 0과 1을 기준으로 한 실존 철학의 관점에서 보면 0을 맞추기 위해 게이지 대칭을 사용한 것처럼 보이게 된다.

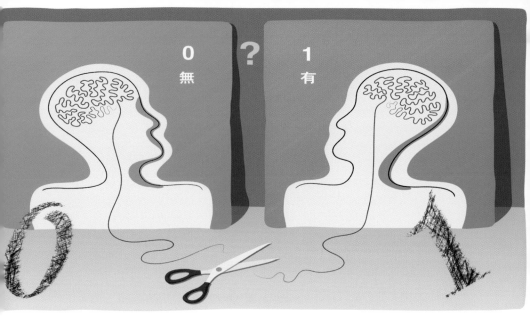

1의 자존自存을 논리적으로 증명할 수 있는 길은 없다. 그렇기에 「나는 창조되지 않고 스스로 존재한다[구약/출애굽기]」고 자처하는 창조주 신이 등장하게 된다. 하지만 이런 주장에 동의할 수 없었던 철학과 과학은 어떡해서든 0에서 답을 구하려 했다.

그렇다면 철학은 0에서 1이 나오는 원리를 풀었는가?

완전히 실패했다. 물론 그것을 연구하다 파생된 방대한 철학 분야는 인류의 정신 문명에 커다란 기여를 하게 되었다.

수행은 어떤가?

특별한 소수의 사람들만 성공했다고 하는데 증명할 길은 없다. 그렇더라도 수행 문화를 세상 곳곳에 퍼뜨려 인류의 영성에 기여한 점은 높이 칠 만하다.

과학은 어떤가?

0에서 1을 만들면서 그 0 속에 자꾸 1을 넣고 있다. 뭔가 알 수 없는 고차원의 존재가 있고 그곳에서 1이 나온 것으로 예상한다. 즉 과학은 1을 연구해서 수많은 업적을 쌓았지만 여전히 0의 문제에 있어서는 오리무중이다.

도대체 실존은 0이냐? 아니면 1이냐?

1이면 종교가 되고, 0이면 1을 창조할 수 있는 논거가 없고, 이거야말로 진퇴양난에 사면초가이다. 수천 년 전 철학이 태동할 때에 비해 0과 1은 조금도 변한 게 없이 제자리이다. 문명이 이토록 발전하였건만…

왜 이 문제를 못 푸는가?

2차원 평면 세계에 나타난 사각뿔을 이해하기 위해서는 오직 하나, 높이가 도입되어야 한다. 높이를 떠올리지 못하면 영원히 사각뿔의 정체를 풀 수 없다. 마찬가지로 우리 역시 0과 1을 풀기 위한 우리만의 높이가 있어야 한다. 그것이 바로 정보이다.

여기서의 정보란 어떤 관념과 지식을 전달하는 일반적인 information과는 다르다. 이는 물질의 바탕이 되는 참된 질료로서의 정보를 말하는데, 0과 1에만 익숙한 사람들에게는 매우 낯설고 기괴하게 다가올 것이다. 아마 적잖은 독자들이 이 부분에서 책을 덮을 수도 있겠다.

평면 세계에 높이가 없듯, 우리 3차원 세계에도 질료로서의 정보는 눈에 띄지 않는다. 아니 관찰 정도를 넘어 상상으로도 그런 것은 떠올릴 수 없다. 그건 정보가 0과 1의 어느 곳에도 속하지 않으면서 0과 1을 동시에 만족하기 때문이다. 쉽게 말해, 0도 아니고 1도 아닌 제3의 존재 형태라는 것이다. – 수학의 허수 i를 연상해도 좋다.

우리는 입자가 실재하는 것으로 굳게 믿고 있다. 그래서 나를 포함해 우주의 모든 것은 당연히 1(有)이다. 하지만 과학적으로 입자가 실재한다고 증명된 적은 단 한 번도 없다. 실험실에서 나온 것은 입자의 성질을 띤 파동뿐이다. 그 파동에 질량이란 수치를 붙이고 무슨 입자라고 이름을 지어준 것이다.

입자는 존재하지 않고 존재한 적도 없다. 존재하는 것은 오로지 파동뿐이다. 존재하지 않는 선과 면이 합해 입체가 됐듯, 우리 세계의 물질 역시 존재하지 않는 입자들을 굴비처럼 엮어 마치 있는 것처럼 여기게 됐다. 파동이 일으킨 홀로그램에 에너지가 실리면서 입자와 물질로 착각하게 된 것이다.

　파동, 그것의 본질은 정보에 있다. 정보에서 파동이 나오고, 파동이 중첩되면서 입자성을 띠었다. 이 점을 밝히는 것이 본서의 일관된 주제이다.

　필자는 이제부터 정보가 우주의 질료라는 사실에 대해 사고실험을 진행하고자 한다. 처음부터 끝까지 0과 1, 그리고 그것을 초월한 정보를 가지고 진실 게임을 펼칠 것이다. 그래서 첫 주제를 아리송한 氣에서부터 출발한다. 동양철학에서 에너지 파트를 맡고 있는 氣를 잠시 짚어 보고 본격적으로 현대물리학과의 한판 승부를 벌이려 한다. 물론 다툼의 장은 4차원과의 접경지대인 소립자의 세계로 한정한다. 그리고 여기서 도출된 승부 결과를 가지고 실존實存을 찾고 아울러 「나는 누구인가?」의 화두를 풀고자 한다.

　각성覺性의 보편화, 그것이 결코 쉬운 일은 아니지만 현대물리학의 도움을 받는다면 불가능한 일도 아니라고 본다. 이 책을 다 읽고 '일체유심조'와 '천상천하유아독존'이 낯설게 느껴지지 않는다면, 한 발 더 나아가 혹시 자신의 일일지도 모르겠다는 생각이 든다면 「나는 누구인가?」의 첫단추가 꿰어졌다 할 것이다.

　끝으로 본서가 각박한 삶 속에서 '나'에 목말라 하는 현대인들에게 일말의 도움이라도 되었으면 하는 바람을 가져본다.

2016년 夏初, 단예 김준걸 合掌

목차

1 기氣란 무엇인가?

氣라고 하면 에너지나 동력, 힘… 같은 단어가 연상되지만, 그것이 지닌 정확한 의미를 한마디로 압축하기란 결코 쉽지 않다. 왜냐하면 아직까지 氣의 실체를 과학적으로 증명한 경우가 없기 때문이다. 그래서 일상사에 氣란 용어를 자주 쓰면서도 정작 그 의미를 정확히 알고 있는 경우는 드물다.

氣와 관련된 용어 몇 개를 예로 들면 다음과 같다.

기운	氣가 움직이면서 수반되는 힘이나 생동력.
기통 차다	신바람이 나서 氣가 통하고 가득 넘치다.
기가 막히다	너무 어이가 없거나 어떤 병세에 의해 氣의 흐름이 차단되다.
기찬 놈	氣가 철철 넘쳐 남달리 뛰어난 녀석.
기지개	수면 시에 가라앉았던 氣를 활성화하기 위해 취하는 근육 이완.

이 외에도 氣에 대한 숱한 활용이 있을 것이다.

그런데 도대체 氣란 무엇인가?

이 질문에 정확히 답하기 위해서는 여러 가지 가정과 추론이 필요하다. 차근 차근 氣의 실체에 접근해 보자.

먼저 氣를 찍었다는 키를리안(Kirlian) 사진을 살펴보자.

사진을 보면 꽃과 나뭇잎을 어떤 모종의 발광체가 부드럽게 감싸고 있다. 이것은 카메라와 렌즈 없이 8만 볼트의 고압 전기를 흘려 필름에 담아낸, 이른바 키를리안 사진[3]이다.

위의 몽환적이면서도 신비로운 사진은 1939년 러시아의 전기공이었던 세묜 키를리안(Semyon Kirlian, 1900~1980)에 의해 처음으로 발견됐다. 당시의 사람들은 물체에서 뿜어져 나오는 빛을 보고, 그것이 혹시 예로부터 회자되던 기(氣)나 오라(Aura)가 아닌지 생각했다.

이런 미지의 힘에 대한 생각은 과학이 더욱 발달된 오늘날에 이르러서도 여전하다. 회의론자들의 과학적 반론에도 불구하고 키를리안 사진을 물질 너머에

3) 키를리안 사진을 찍는 요령은 대략 이러하다. 구리 재질의 금속판 위에 얇은 비닐을 덮어 절연시킨다. 그 위에 필름과 찍을 대상을 순서대로 올려놓는다. 이후 구리판과 물체에 순간적으로 고전압을 걸면 스파크가 튀고, 이것이 필름에 감광되어 키를리안 사진이 된다.

존재하는 초자연적 에너지로 받아들이는 시류는 아직도 팽배하다.

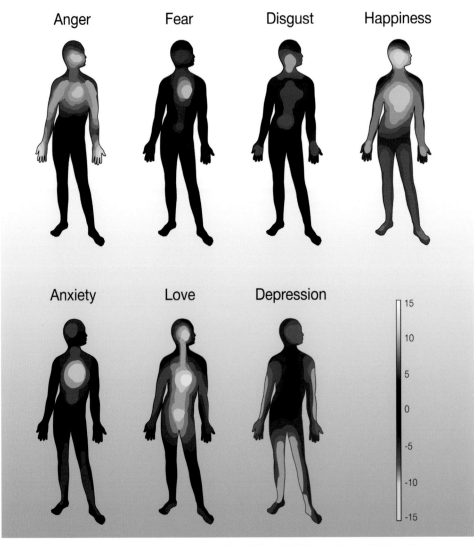

How emotions are mapped in the body

Anger   Fear   Disgust   Happiness

Anxiety   Love   Depression

※ 키를리안 사진은 인간의 감정에 따른 인체의 변화를 측정하는 도구로도 활용되고 있다.

氣는 물질의 일종인가?

 물질이라면 에너지의 일종이고, 결국엔 $E=MC^2$의 공식
을 따르게 될 것이다.

 만일 氣가 에너지를 가리키는 말이라면 그 존재 가치는 크게 추락할 것이
분명하다. 氣를 근간으로 삼아 발전한 한의학은 설 자리를 잃고, 더불어 동
양철학의 상당수도 파기 내지 수정돼야 한다. 그뿐만이 아니다. 본서를 비롯
해 氣를 다루는 여타의 학문이나 수련들 역시 현대 과학의 그늘에 가려 그
빛이 바래게 될 것이다.

 그렇다면 氣를 물질이 아닌 비물질적 요소로 보면 어떨까?

 이렇게 되면 氣 고유의 존립 근간이 확실하게 된
다. 하지만 형이상形而上의 영역에 속하게 됨으로
써 오는 인식의 한계에 부닥치고 만다.

 오늘날의 과학이 물질의 실체도 명확히 밝히고
있지 못하는 마당에, 그것을 벗어나 비물질의 세
계를 논한다는 것은 논점을 흐릴 수 있다.

 그렇기에 고금을 막론하고 꼭 짚어 氣를 정의한
예는 찾아볼 수 없다.

氣는 분명 모호한 그 무엇이지만, 선조들은 먼 옛적부터 그것을 느끼고 의학이나 수련, 심리학 등에 꾸준히 활용해 오고 있다.

이런 氣를 과학에서 밝혀내지 못했다고 해서 진실이 아니라고 단정할 수는 없다. 앞서 말했지만 오늘날 과학의 수준은, 우주 전체를 기준으로 3~4%짜리에 불과하다. 아직도 과학은 나머지 미지의 영역을 밝혀낼 과제를 지고 있고, 그 안에 氣가 있을 확률은 얼마든지 있다.

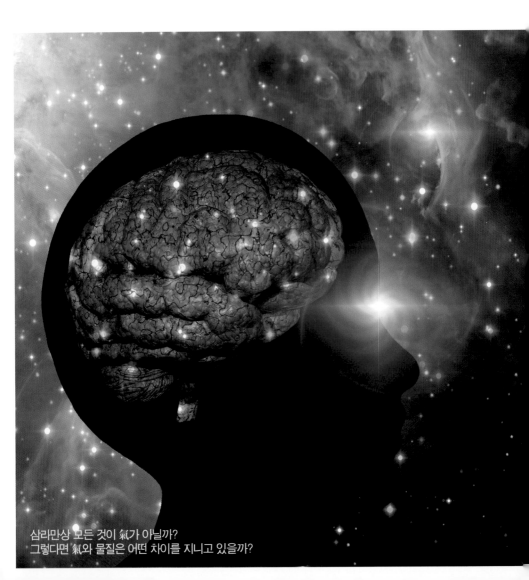

삼라만상 모든 것이 氣가 아닐까?
그렇다면 氣와 물질은 어떤 차이를 지니고 있을까?

氣는 형이상形而上의 그 무엇인가?

형이하形而下에서 힘을 유발하는 인자를 에너지(Energy)라 한다. 쉽게 말해 우리가 살고 있는 3차원 물질계를 이루는 힘이다.

에너지와 氣가 유사한 것은 맞지만 그것이 존재하는 영역이 엄연히 다르다. 형이하形而下인 물질계⁴에서 힘을 유발하는 것이 에너지라면, 氣는 형이상形而上의 상계象界⁵를 무대로 삼는다. 이런 의미에서 氣를 거론하자면 형이상形而上에 존재하는 모종의 에너지 같은 것으로 유추해 볼 수 있다.

형이상形而上에 존재하는 어떤 에너지…!

이것이 어느 정도 氣의 일면을 말해주긴 하지만 복잡하고 모호한 감이 여전히 남아 있다.

氣의 실체를 보다 분명하게 정명正名할 수 있는 용어는 없을까?

그러려면 氣의 성질을 좀 더 명확히 살펴볼 필요가 있다.

앞서 말했듯 氣가 에너지와 구분되는 가장 큰 특징은 형이상形而上에 존재한다는 사실이다. 그렇기에 형이상形而上의 특징을 먼저 아는 것이 氣의 실체에 다가서는 순서가 된다.

매사가 그렇듯 무언가에 대해 파악할 때는 구성 성분을 면밀히 따져보는 것이 유리하다. 형이상形而上 역시 그렇다.

형이하形而下 물질을 초월할 수 있는 고차원 질료는 무엇일까?

---

4) 형이상의 정보가 폐쇄되어 한정된 차원으로 오그라든 것이 3차원 물질이다.
5) 물질의 근간인 정보로 이루어진 4차원 세계를 말한다.

물질을 초월한 것이어야만 형이상形而上의 질료에 합당할진대, 과연 그런 것이 존재할 수 있을까?

물질의 영역에 속한다면 그것은 무엇을 막론하고 형이하形而下이다. 물질의 최소 단위인 양자量子의 세계 역시 형이하形而下이다. 그렇기에 형이상形而上을 논하려면 물질로 볼 수 없는 대상을 찾아야 한다.

그렇다면 아직까지 실체가 드러나진 않았지만 존재한다고 여겨지는 암흑 물질이나 반물질은 어떨까? 이런 것이라면 형이상形而上의 조건에 걸맞지 않을까?

우리는 形(물질)을 기준으로 형이상(形而上)과 형이하(形而下)로 구분하여 왔다. 그런데 과연 形이란 것이 세상을 가르는 기준점이 될 수 있을까?

하지만 모습이 드러나지 않은 것뿐이지 중력을 지니고 있다는 점에서 암흑물질[6]은 형이하形而下의 특수한 경우에 해당된다. 또한 반물질[7] 역시, 물질을 초월한 그 무엇이 아니라, 특수한 형태의 전기적 부호나 성질을 지닌 물질의 일종으로 보아야 한다. 그렇기에 형이상形而上의 후보가 될 수 없다.

정리하면, 형이상形而上이 되기 위해서는 반드시 물질이 아닌 비물질非物質이어야 한다. 물질로 볼 수 없는 것이어야 한다는 얘기다.

그런 것이 뭐가 있을까?

이쯤 되면 어느 정도 눈치 챈 독자들이 있을 것이다. 그것은 바로 정신이다. 정신은 물질이라고 단정할 수 없다.

꿈이나 상상을 떠올려 보자. 그것이 물질인가?

물론 체내의 물질들이 열심히 대사활동을 하여 만들어낸 결과라고 보는 견해가 많다. 하지만 아무리 그렇더라도 처음부터 물질계에 없는 것을 만들어낼 수는 없다. 가령 우리는 다양한 색을 보고 있다. 그런데 익히 알다시피 물질의 세계에는 색이 존재하지 않는다. 빛의 파장만 존재할 뿐인데, 우리는 그 파장에 상상으로 색을 입혀 아름답게 꾸며내고 있다.

---

6) dark matter. 우주를 구성하는 물질 가운데 약 23% 정도를 차지하고 있음에도 가시광선이나 전파, 적외선, 자외선, X선, 감마선 등의 전자기파로 관측되지 않고 오로지 중력으로만 감지할 수 있는 물질.
7) 소립자를 구성하는 양성자, 중성자, 전자 등에 반대되는 반양성자, 반중성자, 반전자 등으로 구성되는 물질. 통상적 물질과 다른 성질을 지닌 입자로, 비물질은 아니다.

색은 물질 활동의 결과로서 도출될 수 있는 것이 아니다. 그것은 전혀 다른 상상의 영역이고 그렇기에 단적으로 물질이라 할 수 없다.

물질이 아니라면 그것은 비물질非物質이 될 것이다. 색을 비롯하여 정신 활동에 의해 만들어지는 모든 것들이 같다. 그래서 동양에서는 물질과 대비된 정신을 독립된 하나의 영역으로 다루어 왔다.

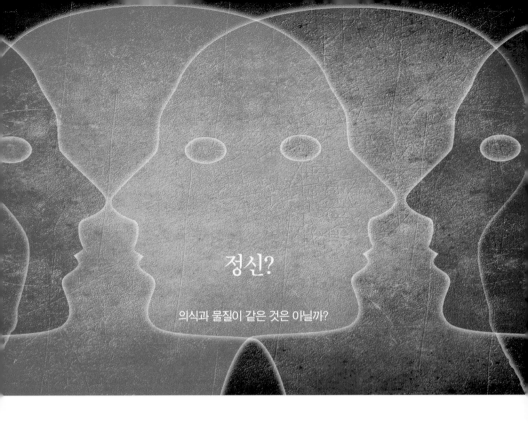

정신?

의식과 물질이 같은 것은 아닐까?

잡아도 잡히지 않고 보아도 보이지 않는 모호하기 짝이 없는 것이 정신이다. 이런 정신을 보다 정확히 표현할 수 있는 단어는 없을까?

정신 활동을 살펴보면 예외 없이 어떤 '뜻'을 품고 있다. 즉 내용과 방향성을 함께 지니고 있고, 이런 것을 가리켜 정보[8]라 한다. 동양철학의 이기론理氣論에서 말하는 **理**가 이것이다.

비물질 = 정보 = 理

---

8) 어떤 성향을 띠게 만드는 비물질적 인자(因子).

이상의 등식이 성립하면 물질에는 비물질인 정보가 담겨 있게 된다. 원자(atom)를 예로 들면 그것을 구성하는 중성자·양성자·전자 등은 물질이고, 이런 구조로 활동하게 하는 이면의 정보는 비물질이 된다.

왜, 원자는 이런 식으로 구성되고 나름의 방식으로 활동하는가?

바로 비물질인 정보가 그렇게 설정되어 있기 때문이다. 과학이란 바로 그 설정 값을 알아내는 과정이다.

삼라만상 모든 것은 물질과 비물질의 대칭으로 존재한다. 마치 생명이 물질과 정신으로 맞물려 있는 것처럼.

흔히 돌멩이를 가리켜 생물과는 전혀 다른 순전한 물질 덩어리로 본다. 하지만 돌멩이도 사람처럼 물질과 정보의 대칭적 구조로 되어 있으며, 다만 우리가 지닌 정보에 비해 고집이 세다는 차이가 있을 뿐이다. 우리의 정보는 외계의 정보를 받아들여 조합하고 활용하는 데에 익숙하지만, 돌멩이의 정보는 오로지 설정된 대로만 움직인다.

다시 말하지만 삼라만상 모든 것에는 제 나름의 정보가 담겨 있다. 그 정보의 상태에 따라 이것과 저것이 구분될 따름이다. 정보는 삼라만상을 존재하게 하는 근본 속성, 즉 본질이다.

형이상形而上 = 정보

이제 형이상의 질료가 정보라는 사실까지 알아보았다. 그렇다면 다시 원점으로 돌아와, 氣는 도대체 무엇인가?

이제까지 논한 바를 토대로 정리하면, 氣란 형이상에 존재하는 '정보 에너지'가 된다. 3차원 물질계의 동력이 에너지라면, 氣는 4차원 비물질계에 존재하는 힘力이다.

氣 = 정보 에너지

2　정보란 무엇인가?

　빨갛게 잘 익은 사과를 손에 쥔 상상을 해보자.
꽤나 먹음직스러운 사과인데, 이것은 과연 실재實在
하는가?

　상상 속의 사과가 실재하기 위해서는 상태를 나타내는 물리학적 증거가 있
어야 한다. 질량이나 위치에 대한 측정값이라든지, 아니면 그것이 다른 물체
에 영향을 줄 수 있는 어떤 에너지 같은 것을 지니고 있어야 한다. 이런 것이
수반되지 않는다면 실재한다고 확신할 수 없다.

　그렇다면 물리학적 데이터가 없는 상상 속의 사과는 실제로 존재하지 않는
것인가?

　실재한다고 확신할 수 없지만 그렇다고 존재하지 않는 것으로 볼 수도 없
다. 왜냐, 어떤 정보에 대한 현상만은 분명 있기 때문이다.

　정리하면 상상 속의 사과는 有라 할 수 없고, 그렇다고 無라고도 할 수 없
다. 有인 동시에 無인, 다시 말해 有와 無를 동시에 만족하는 그 무엇이다.

한마디로 비유비무非有非無한 제3의 존재 형태란 얘기인데, 과연 그런 것이 존재할 수 있을까?

기존에 당연하다고 믿고 있던 상식을
모조리 깨부수면 무엇이 나올까?

다행히 1935년에 독일에서 발간된 [자연과학]이란 잡지에 비유비무非有非無와 맥락을 같이하는 기상천외한 고양이가 등장한다.

슈뢰딩거의 고양이

뉴턴에서 아인슈타인에 이르는 고전역학에서는 관측자에 상관없이 미래는 정확히 결정되어 있으며, 어떤 측정값만 정확히 알면 인과법칙에 의해 미래를 계산할 수 있다고 생각했다. 이것을 기계론적 우주관이라 한다.

그런데 진보된 과학이 소립자의 세계를 다루게 되면서 그와 같은 믿음은 완전히 깨지고 말았다. 어떤 조건을 정확히 구비한다 해도 그에 따른 미래의 현상은 여러 가지가 있게 되고, 그것은 철저히 확률에 의존한다는 것이다. 여기서 불확정성의 원리가 물리학 깊숙이 파고들게 되었다.

기존의 과학자들이 발끈하게 된 것은 당연했다. 그 선봉에 아인슈타인이 있었다. 그는 포돌스키, 로젠과 함께 [EPR 역설][9]을 발표했고, 슈뢰딩거가 1935년에 「슈뢰딩거의 고양이」를 발표하는 데에 격려를 아끼지 않았다.

아인슈타인

슈뢰딩거

슈뢰딩거의 고양이란, 방사성 원소가 들어 있는 철로 이루어진 상자 속에 들어 있는 고양이를 말한다. 언뜻 보면 일반 고양이처럼 보이지만 자세히 살펴보면 기괴하기 짝이 없다.

---

9) 1935년에 아인슈타인, 포돌스키, 로젠이 협력하여 양자역학의 모순을 지적하게 되는데, 이 세 명의 머리글자를 따서 EPR패러독스라 불렀다.

生과 死로 갈라지지 않은 모습이 참이 아닐까?

방사성 원소가 붕괴하면 고양이는 죽게 되고, 그렇지 않으면 고양이는 살게 된다. 그 확률은 50대 50이다.

그런데 문제는 양자역학의 실험에 의하면, 산 고양이와 죽은 고양이를 나타내는 파동함수가 중첩되어 나타나게 된다. 이는 생사生死를 동시에 만족하는 고양이가 존재하는 꼴이 되고, 바로 이 점을 슈뢰딩거가 짚어 코펜하겐 해석의 모순을 비판한 것이다.

여기서 멈추지 않고 수많은 고전 물리학자들이 코펜하겐 해석의 모순을 지적했지만, 양자역학자들은 결코 흔들리지 않았다. 마치 갈릴레이(Galileo Galilei)가 숱한 종교적 압력에도 굴하지 않고 "그래도 지구는 돈다!" 라고 외친 것처럼….

특히 닐스 보어는 거장 아인슈타인과의 논쟁을 마다하지 않았다. 그는 아

닐스 보어

인슈타인의 지속된 반론을 조목조목 받아쳐 화제를 낳았다. 그리고 세월이 흐르면서 실험 결과물들이 차곡차곡 쌓이자 양자역학은 온갖 저항을 물리치고 마침내 명실상부한 현대물리학이 될 수 있었다.

그렇다면 다시 원점으로 돌아가서 생사生死를 동시에 만족하는 슈뢰딩거의 고양이는 과연 존재하는가?

실험에 따르면 그런 해괴한 고양이가 나오는데, 이것은 오늘날까지도 상식적으로 받아들이기 어려운 것이었다. 그렇다 보니 여러 가지 해석이 따라붙게 되었다. 대표적인 것만 예를 들면 다음과 같다.

코펜하겐 해석

生과 死가 중첩된 고양이로 존재하다가, 관측하는 순간 둘 중 하나로 결정된다.

앙상블 해석

生과 死가 중첩된 고양이를 수만 번 관측하면 결국 50%의 확률로 갈리는 것처럼, 통계적으로 따져 해석해야 한다.

에버렛 해석

고양이가 살아 있는 우주와 죽어 있는 우주가 공존하며, 측정하면서 그 중 하나가 선택된다.

현대물리학을 처음 접하는 사람이 이상의 해석을 보게 되면 도대체 과학이 맞는지 의심부터 일 것이다. 실험과 검증한 바를 수학적 언어로써 분명하게 해석하던 기존의 과학과는 판이하니 말이다.

　이처럼 현대물리학이 시작되면서부터는 과학의 영역에 철학이 개입하게 되었다. 그만큼 불확실하고 모호하게 된 것이다.

　그렇다면 소립자의 세계에서 발생하는 상태중첩(Superposition) 현상을 어떻게 이해해야 할까?

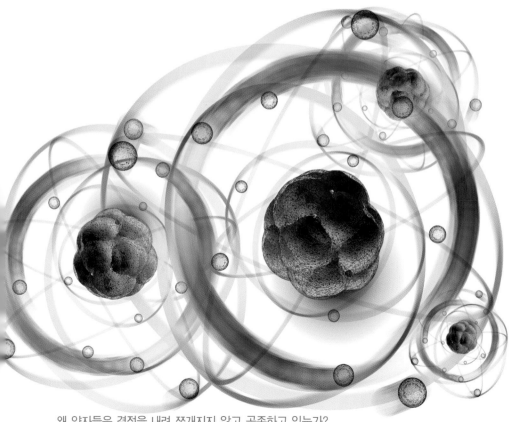

왜 양자들은 결정을 내려 쪼개지지 않고 공존하고 있는가?
혹시 우주가 하나로 이어져 있어서 그런 것은 아닐까?

해석이 난립하고 어느 한 가지로 통일되지 못한 것은 그만큼 기괴하기 때문이다. 生과 死를 동시에 만족하는 고양이를 아무렇지도 않게 받아들일 사람이 과연 몇이나 있을까!

그런데 우리가 사고를 180도 바꿔 보면 어떨까?
상태가 중첩된 것이 본질이고, 그중 하나를 선택한 것이 환영이라면…? 다시 말해 생사生死가 중첩된 슈뢰딩거의 고양이가 실재이고, 측정 이후 생사가 결정된 고양이가 가상이라면 말이다.

장자(莊子)

이런 말도 안되는 얘기를 가지고 고뇌한 철인哲人이 있다. [장자]의 제물편에 보면 꿈 이야기가 나온다.

장자는 꿈에 나비가 되었다. 날개를 펄럭이며 즐겁게 날아다니다 꿈에서 깨어났다. 그리고는 나비와 장자 가운데 어느 것이 진짜 '나'인지에 대해 고심하게 됐다. 도대체 누가 실재이고 가상인지를 혼란스러워 했다는 얘기인데, 우리도 장자처럼 모든 것을 백지로 돌려 다시 생각해 보면 안 될까?

도대체 슈뢰딩거의 고양이와 측정 이후의 고양이 가운데 어느 것이 실재이고 가상인가?

이 물음에 답하기 위해서는 차원의 문제를 면밀히 짚어 봐야 한다.
자, 2차원 평면의 세계로 들어가 보자. 장소는 피라미드의 밑바닥이다. 3차원 생물 중에 2차원을 가장 잘 이해할 법한 지렁이가 되었다고 연상해도 좋을 것이다.

피라미드의 밑바닥 세계는 언제나 사각형의 물체를 접할 수 있다. 그런데 태양이 떠오르면서 사태가 돌변했다. 사각형이던 물체에 겹쳐서 삼각형의 그림자가 길게 생겨난 것이다. 그러자 평면 세계 사람들은 크게 놀라지 않을 수 없었다.

사각형인 줄 알았는데 삼각형의 성질도 동시에 지니고 있다나…! 아무리 생각해도 사각형과 삼각형을 동시에 만족하는 것은 불가능해 보였다. '세상은 요지경 속이다'란 생각만 들 뿐 해답을 찾을 길은 요원했다.

만일 평면 세계 사람들이 3차원 세계로 올라왔다면 어떻게 됐을까?

그들이 도저히 생각해 낼 수 없었던, 삼각형과 사각형을 동시에 만족하는 사각뿔을 보게 될 것이다. 3차원 세계에서는 너무나 당연한 것이지만 차원을 낮춰 2차원에서 그것을 보면 불가능한 것이 된다.

같은 원리로, 우리 역시 3차원에서 보기에 생사生:死공존의 고양이가 기괴하게 보이는 것은 아닐까? 4차원에서 보면 그것이 사각뿔처럼 당연하게 받아들여질 수도 있을 텐데 말이다.

혹시 生과 死로 나뉜 고양이가 거짓이 아닐까?

만일 소립자들이 질량을 잃어버리게 되는 과정에 일부나마 4차원이 투영된다면 어떨까?

그렇게 되면 거시 세계의 물리 법칙은 더 이상 적용되지 않을 것이다. 4차원의 굴절에 의해 기괴한 현상이 줄을 잇고, 그것이 인과관계를 무너뜨리면서 불확정성의 원리를 도출하게 된다. 결국 저마다의 해석이 달라지고 형이상形而上을 다루는 철학을 과학에 수혈하는 긴급사태까지 발생할 것이다.
이것이 오늘날 양자역학의 현주소가 아닐까?

3차원에서 접하는 불가사의한 문제는 혹시 4차원의 그림자를 접하게 되면서 발생하는 문제가 아닐까?

2차원 평면 세계 사람들이 사각뿔을 접할 때처럼 우리 역시 서로 상반되는 두 성질이 중첩되는 현상을 접하고 있다. 입자와 파동을 동시 만족하는 경우가 대표적이다.

우리가 실험실에서 어떤 입자의 위치를 측정하면 운동량이 모호해진다[10]. 역으로 운동량을 측정하면 위치가 불확실하게 된다. 마치 2차원 평면 세계에서 사각뿔의 한쪽 면을 접하면 다른 한쪽 면이 숨는 것처럼 말이다.

2차원에서 삼각형과 사각형을 동시에 취할 수 없는 것처럼, 3차원에 살고 있는 우리는 4차원의 그림자 가운데 하나를 선택해야 한다. 선택할 때 비로소 그 실체가 분명해진다. – 여기서 실체가 분명해진다는 것은 3차원의 질서 안으로 들어온다는 뜻이다.

_____

10) 관측에는 광자가 필수인데, 이것이 실험 대상을 교란하여 관측을 어렵게 만든다. 자연 법칙이 지닌 본질적인 한계인데, 이 점을 예로 들어 상태중첩을 부정하는 경우가 의외로 많다. 관측이 불가능한 것뿐이지, 실험실 안에 있는 슈뢰딩거의 고양이는 이미 생사가 결정되어 있다는 발상이다. 허나 이런 주장은 양자역학에 대한 이해가 부족한 데에 기인한다.

그럼 이제 철학적 결론을 내릴 때인 것 같다.

우리는 선택이 끝난 후의 세계에서 살고 있다. 그렇기에 선택이 유보된 슈뢰딩거의 고양이 같은 상태중첩이 낯설고 기괴하게 다가온다.

2차원 평면 세계 사람들은 사각뿔의 한쪽 면만 결정하여 받아들인다. 삼각형을 취하든 사각형을 취하든, 그들에게 있어서 두 개를 동시에 만족하는 사각뿔은 환상일 뿐이다.

마찬가지로 3차원에 사는 우리들 역시 입체적으로 결정된 상태에서 살아간다. 우리 세계에서는 生과 死를 동시에 만족하는 슈뢰딩거의 고양이를 볼 수 없고, 그렇기에 소립자 세계에서 발생하는 상태중첩 현상에 고개를 갸우뚱하게 된다.

삼라만상 모든 것이 상태중첩(Superposition)으로 되어 있고, 그것이 어느 한쪽으로 결정되면서 3차원 세상이 이루어진 것으로 보면 안 될까?

이런 제안은 2차원 세계 사람들에게, 「삼라만상 모든 것은 입체로 되어 있고 당신들은 그것의 어느 한쪽 면만 본다. 다른 쪽 면도 한꺼번에 받아들이면 안되겠는가?」라고 말하는 것과 같을 것이다.

우리는 3차원 세계에 살고 있기에 2차원 평면 세계 사람이 사각뿔을 받아들이지 못하는 것을 보고 안타까워할 것이다. 그러면서 우리 역시 4차원 세계의 질서를 받아들이지 못한다. 왜냐? 본의 아니게 3차원의 벽에 꽁꽁 갇혀 있기 때문이다.

우리가 슈뢰딩거의 고양이에 거부감을 갖는 것은 상태중첩이 의미하는 바를 정확히 모르는 데 기인한다. 그렇기에 선택 시에 우주가 쪼개진다느니, 경우의 수를 수만 번 늘려 확률로 접근해야 한다느니, 숨은 변수가 드러나면 인과론이 적용된다느니… 하는 해석들이 덧칠해진 것이다.

3차원 입체 세계는 질량이라는 덩어리를 이루고 있다. 이것은 4차원의 중첩된 상태에서 3차원의 입체 쪽으로 결정된 것을 의미하며, 그렇기에 무언가 실체가 분명히 존재하는 것으로 보인다.

하지만 그것은 어느 한쪽 면을 선택함으로써 생겨난 착시 현상이다. 장님이 코끼리의 코를 더듬으면서 뱀 같이 생겼다고 여기는 것처럼 말이다.

존재하는 모든 것은 상태중첩으로 되어 있다. 이것을 우리의 이해 범주로 끌어오기 위해서는 정보에 대한 이해가 선행돼야 한다. 정보를 모르면 상태중첩을 알 수 없고, 나아가 참되게 존재하는 방식[실존]에 다가설 수 없다.

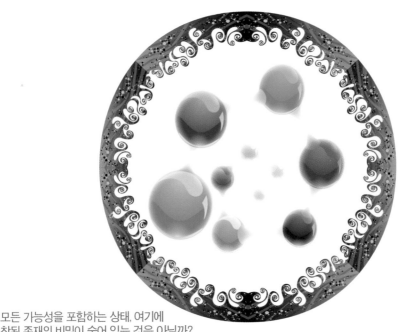

모든 가능성을 포함하는 상태, 여기에
참된 존재의 비밀이 숨어 있는 것은 아닐까?

자연 법칙을 밝히는 열쇠,
그것이 혹시 '정보'가 아닐까?

정보란 변화의 방향성을 말한다. 쉽게 말해 변화의 설계도 같은 것인데, 아직 결정된 것이 아니기에 변수가 무수히 있게 된다.

'정의로워야 한다'는 정보를 예로 들어 보자. 이 정보는 실체가 모호하다. 이것이 실체로 나오려면 결정을 해야 한다. 어떤 이는 약한 사람을 도와주는 것으로써 결정할 것이다. 다른 어떤 이는 나쁜 사람을 혼내주거나, 혹은 종교적 신념에 따라 이교도를 테러하는 것으로써 결정할 것이다.

이처럼 정보는 결정하기 전에는 상태가 공존하여 모호하고, 결정된 뒤에야 비로소 어떤 상태로 분명하게 드러나게 된다.

슈뢰딩거의 고양이 역시 정보이다. 정보이기에 生과 死를 동시에 만족한다. 이것이 관찰과 동시에 3차원으로 쪼그라들면서 어느 한 쪽으로 결정되고, 우리가 친숙하게 보고 느끼는 것들로 그 모습을 드러내게 된다.

정보로 이루어진 세상…! 정보가 관념의 벽을 넘어 물리 법칙과 실제 생활에 자연스럽게 적용되는 세상, 그런 세상이 4차원 세계일 것이다. 그래서 4차원 세계는 시공時空을 초월한 초입체의 구현이 가능하다.

3 공空이란 무엇인가?

앞서 정보에 대해 알아봤다. 그런데 여전히 남는 의문이 있다. 그것은 정보라는 것이 독립적으로 존재할 수 있느냐는 점이다.

쉽게 '생각'을 떠올려 보자. 생각은 정보의 일종이다. 그런데 그것을 만들어내는 뇌腦가 없이도 존재할 수 있느냐는 점이 문제이다.

앞서 예를 들었던 '정의롭다' 역시 같은 맥락이다. '정의롭다'라는 정보가 홀로 존재할 수 있겠는가 말이다.

만일에 독존獨存이 불가능하다면 결국 정보란 물질처럼 실체를 지닌 어떤 것들이 만들어내는 파생적 피조물에 불과하게 된다. 그렇게 되면 지금까지 다룬 정보의 가치는 급락할 것이다.

정보 or 물질

정보와 물질 가운데 어느 것이 실재實在하는지를 따져 보자. 대부분의 독자들은 이런 시도 자체를 의아하게 생각할 것이다. 관념과 같은 추상적인 정보를 가지고 물질과 겨룬다는 발상 자체가 모순처럼 보일 테니 말이다.

그렇다면 질문을 하나 해보자. 우리가 보고 느끼는 물질이란 것이 실재하는지에 대한 근본적인 물음이다.

돌멩이를 하나 집어들자. 돌멩이가 없다면 손에 닿는 아무것이나 하나 잡아도 좋다. 과연 그것은 실재하는가?

질량이 있고 거칠 거리는 촉감이 있다. 이것을 손으로 툭 치면 약한 통증이 전달되어 오니, 분명히 뭔가 있는 것이 맞을 것이다. 한자로 하면 有이다.

다시 한 번 묻자. 돌멩이가 有가 맞는가?

혹시 돌멩이와 손가락의 척력(斥力)에 속아서
돌멩이를 有로 착각하게 된 건 아닐까?

有와 無를 통하지 않고 실존(實存)을
알 수 있는 길은 없다.

有·無

노자(老子)

이런 질문은 천 번 만 번 해도 有가 맞다고 할 것이다. 그런데 기이하게도 이 질문에 예상하기 힘든 답을 내놓은 이가 있다. 2천5백 년 전에 살았던 노자가 바로 그 주인공이다.

그는 자신의 사상을 기록한 [도덕경]에서 다음과 같은 말을 하고 있다.

있음과 없음이 함께 있어야 존재할 수 있고, 어렵고 쉬운 것이 함께 있어야 문제가 이루어지고, 길고 짧은 것이 함께 있어야 비교가 되고, 높고 낮음이 함께 있어야 경사가 생기고, 내뱉는 소리와 들어오는 소리가 함께 있어야 소리가 어우러지고, 앞과 뒤가 함께 있어야 순서가 생긴다. 有無相生 難易相成 長短相較 高下相傾 音聲相和 前後相隨 [道德經二章]

노자는 이상과 같이 홀로 성립될 수 없는 개념을 제시했다. 그리고 그 서두를 有와 無로 장식했다. 有와 無는 길고 짧은 것처럼 어느 한 가지만 독립적으로 존재할 수 없다는 사실을 피력한 것이다.

노자가 친절하게 여러 사례를 들어 설명했음에도 이것을 받아들이기란 쉽지 않다. 왜냐, 有와 無는 그 뒤에 나오는 모든 대칭 명제들을 포괄하는 개념이기 때문이다. 하지만 범위가 크다고 해서 상대적 원리에서 예외가 될 수는 없다. 有가 성립되기 위해서는 반드시 無가 함께 있어야만 한다.

有처럼 보이는 어떤 물체에 無가 공존한다는 개념이 머릿속에 잘 그려지지 않을 것이다. 無는 수학의 0과 같으므로 생략하고, 겉으로 드러난 것만 취하면 족할 것으로 생각하기 쉽다.

하지만 그렇게 대충 편리한 대로 有와 無를 취급해서는 안 된다. 오감을 통해 들어오는 것들은 대부분 실제 모습과는 판이하다. 잠시 착시 현상에 대해서 살펴보자.

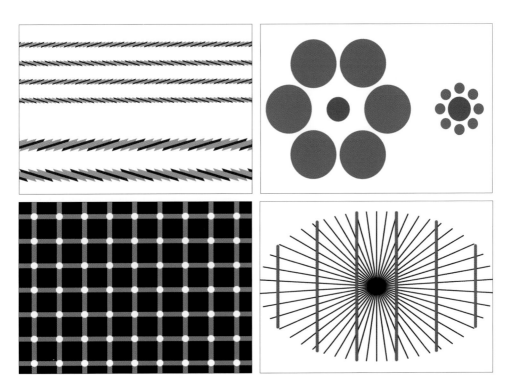

이상의 그림에 나오는 선은 모두 직선으로 된 평행선이고, 붉은 원은 같은 크기이다. 그리고 체크 무늬 그림에서 점멸하는 것처럼 보이는 검은 점은 모두 흰색이다. 이는 모두 주변 환경에 따른 착시 현상으로, 한낮의 태양이 석양보다 작게 보이는 것도 같은 이유이다.

오감을 통해 들어오는 외계의 정
보는 뇌에서 재구성한 가상이다.
우리가 느끼고 인식할 수 있는
모든 것은 가공된 상상뿐이다.

이처럼 우리가 측정의 도구로 삼는 감각은 주변 상황에 따라 왜곡되기 십
상이다. 외계의 정보를 있는 그대로 받아들인다 해도 뇌에서 편의대로 꾸미
기 때문에 실제 모습을 파악하기란 불가능에 가깝다.

감각만 왜곡에 시달리는 건 아니다. 그것보다 더 큰 왜곡은 관념에 있다. 우
리는 4차원의 한 단면에서 살아간다. 그 단면에서 비롯되는 관념의 왜곡에
는 여러 가지가 있지만 가장 대표적인 것을 꼽자면 「有가 존재한다」고 생각
하는 것이다.

다시 물어보자. 긴 것이 존재하는가?

긴 것은 존재할 수 없다. 그 옆에 짧은 것이 함께 있어야만 존재가 성립된다.
有도 같다. 有란 것은 존재할 수 없다. 현재는 물론이고 과거에도 존재한 적
이 없고, 미래에도 영원히 존재할 수 없다. 有란 無와 한 덩어리로 둥글어갈
때에만 비로소 그 존재가 성립된다.

존재?

그 후보는 셋 밖에 없다. 바로 有와 無, 그리고 有와 無를 동시에 만족하는 제3의 존재 형태이다. 세 번째를 간략히 표현하면 空이다.

이제 다시 원점으로 돌아와서 有, 無, 空 가운데 어느 것이 실재하는지 따져 보자.

과연 무엇이 실재할까?
누차 말했지만 有를 고집하는 것은 긴 것 하나를 가지고 길다라고 우기는 것과 같다

사람들은 길고 짧음에 대해서는 쉽게 이해하면서도 有와 無를 같은 개념이라고 하면 놀라거나 어이없어 하는 표정을 짓는다. 有와 無 역시 길고 짧은 것과 조금도 다르지 않다.

돌멩이는 有가 아니다. 돌멩이가 有가 되려면 無라는 개념이 동시에 겹쳐 있어야 한다. 有·無가 겹쳐 있고, 그 중 有의 면을 부각하여 有라고 해야 한다. 연필 두 개 중 한 개를 가리켜 길다라고 하는 것처럼 말이다. 재차 말하지만, 산이 높다라고 하려면 반드시 그 주변의 낮은 산을 포함시켜야 한다. 마찬가지로 有라고 하려면 無와 한꺼번에 엮어서 有라고 해야 한다.

無가 보이지 않는다고
無가 없는 건 아니다

그래서 空, 이것만 존재한다. 이것 외에 다른 존재는 없다.

空은 제1원인의 문제를 간단히 해결한다. 有가 아니기에 자존自存할 수 있고, 無가 아니기에 창조할 수 있다. 有와 無가 아니기에 「공간이 끝이 있고 없고의 문제」에서도 자유로울 수 있다.

이뿐만이 아니다. 有가 아니기에 우리들은 피조물에서 벗어나 조물주가 될 수 있고, 無가 아니기에 영생과 열반을 누릴 수 있다. 전지全知와 구원의 해법은 기도나 신앙에 있는 것이 아니라 실존이 空이라는 사실을 명백히 깨닫는 데에 있다.

그렇다면 다시 돌멩이를 주워들자. 필자의 말대로라면 이 돌멩이는 有가 아니라 空이 돼야 하는데, 이게 도대체 말이 되는가?

단언컨대 空이 맞다. 空을 아래의 글자처럼 쓴다고 해서 空이 아닌가?

글씨가 한쪽으로 찌그러져도 본뜻에는 상관이 없다. 마찬가지로 돌멩이는 空에서 有力 쪽으로 치우쳐져 있는 상태이다. 無力 역시 있지만 힘의 비중이 有 쪽에 치우쳐 있고 그래서 有처럼 보이는 것뿐이다. 이것을 부수고 쪼개면 결국 텅 빈 공간에 에너지 다발만 나오고, 거기서 한 발 더 들어가면 有도 아니고 無도 아닌 空만 나온다.

우리가 접하는 질량과 에너지를 지닌 모든 것들은 有처럼 보이게 하는 것뿐이지 有는 아니다. 有를 표현하려면 뒤에 힘力을 붙여야 한다. – 性을 붙여도 된다. 유력有力, 이것은 有처럼 보이게 하는 힘으로 有는 아니다. 有力은 정보를 일으켜 '있는 것처럼 보이는 세상'을 만드는 환유幻有[11]의 집행자이다.

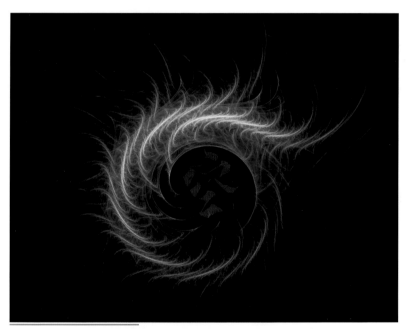

11) 있는 것처럼 보이지만 실제는 있지 않은 것. 우리가 보고 느끼는 모든 것들이 환유이다. 있는 것처럼 보이는 것은 有力에 의한 착시 현상이며, 존재하는 것은 오로지 空만 있다.

空은 정보이다. 정보를 리理, 신神, 심心…등으로 바꿔 부를 수 있다. 어느 것으로 부르든지 상관없다. 有도 아니고 無도 아닌 제3의 존재 형태라는 점만 분명히 기억한다면…

차원이란?

우리가 숨 쉬며 살아가는 곳, 이곳을 수학적 기술로 표현하면 3차원이다. 그런데 정말로 3차원이 맞는지 의문을 가져 보자.

2차원 면面과 1차원 선線을 보면, 그것은 3차원과 다른 곳에 존재하지 않는다. 2차원과 1차원은 3차원을 구성하는 일부일 뿐이다. 그렇기에 우리가 종이나 선을 집어들면서 별개의 차원을 떠올리지 않는다.

우리가 사는 곳은
실재하는가?

하지만 만일 2차원 면의 세계에서 사는 생물이 있다면, 그들은 자신들이 3차원에서 살고 있다는 생각을 결코 하지 못한다. 세상은 오로지 평면만으로 이루어져 있고, 그것을 초월한 3차원은 아득한 피안이나 관념의 대상으로 여겨질 것이다.

그렇다면 우리 역시 4차원 속에서 살아가고 있는 것은 아닐까?
이 의문을 확대하면 4차원 너머에 있는 5차원, 즉 空에 속해 있는 것으로 봐야할지도 모르겠다.

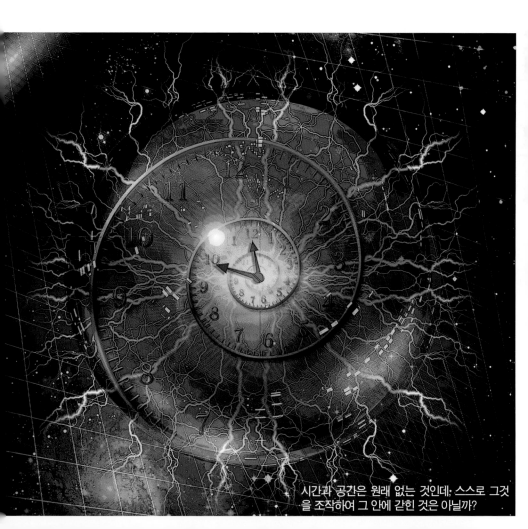

시간과 공간은 원래 없는 것인데, 스스로 그것을 조작하여 그 안에 갇힌 것은 아닐까?

5차원 空의 한 단면에 4차원이 있고, 다시 그것의 한 단면에 3차원이 있을 것이다. 따라서 차원을 높여 보면 5차원 空만 있고, 그 밑의 차원[12]은 존재하지 않게 된다. 만일 존재한다면, 그것은 4·3·2·1의 차원이 존재한다고 믿는 착각만이 있을 것이다.

 하지만 3차원에 살고 있는 우리들 입장에서는 반론이 없을 수 없다. 주변에서 보고 듣고 느낄 수 있는 모든 것은 3차원적 대상뿐이다. 세 축으로 이루어진 입체를 뛰어넘는 초입체를 단 한 개라도 봤어야 4차원을 운운하고, 시공을 초월한 절대적 무언가를 목격했어야 5차원 空을 입에 담을 수 있지 않겠는가!
 물론 한여름 밤이 되면 [전설의 고향] 같은 드라마에서 4차원에서 살 법한 귀신 얘기가 솔솔 나오긴 하지만, 그것 역시 증명된 바는 없다.

신(神) 역시 정보의 일종이 아닐까?
죽음이란 3차원 정보가 4차원으로
이동하는 것뿐이다.

---

12) 차원이란 존재의 단면을 나눈 것으로, 모두 합쳐 다섯 가지로 구분할 수 있다. 물리학에서 도입하는 그 이상의 차원은 방이나 축의 개념으로, 실질적인 차원과는 상이하다.

그런데 사실 이런 부류의 항변은 차원에 갇힌 존재의 신세타령 정도에 지나지 않는다. 2차원 평면 세계에 사는 생물이 있다면 꼭 그와 같은 논리를 꺼내들 것이다. 그들 역시 사방팔방 모든 것이 2차원 면面으로 되어 있는데 어떻게 입체를 이해할 수 있느냐며 목소리를 높일 것이다.

주변 탓을 하면 한도 끝도 없다. 주위 환경에서 눈을 떼고 본질을 보자. 오로지 어떤 것이 실재할 수 있는지를 면밀히 따져 실존實存에 다가서자. 그러다 보면 3차원 입체 세계 너머에 있는 고차원 정보 세계를 어렴풋이나마 이해할 수 있게 될 것이다.

우리는 이미 사회적으로 고정된 정보를 습득하고 이것을 자신만의 방식으로 풀어 해석하고 결정하며 살아간다. 여기서 관념의 벽에 갇혀 본질로부터 멀어지게 된 것은 아닐까?

우선 차원의 실재實在 여부를 알아보자. 1차원 선線이 있다. 이것은 실재할 수 있는가?

높이와 면적이 없는 선은 실제 세계에 있을 수 없다. 有가 아니라는 애기이다. 그렇다고 선이라는 것 자체가 없는 것은 아니다. 우리의 관념 속에 정보로서 존재한다. 그렇기에 無라 할 수 없다.

2차원 면面 역시 같다. 이것 역시 높이를 지니고 있지 않아 실제로 그 모습을 드러낼 수 없다. 우리가 늘상 만지는 종이 같은 것은 사실은 높이를 지니고 있는 납작한 입체일 뿐이다.

이제 3차원 입체를 떠올려 보자. 이것은 실재하는가?

두 개 이상의 밑변에 높이를 지녔으니 그 형체가 뚜렷하게 그려질 것이다. 하지만 입체를 구성하는 선과 면의 실체가 없는 데 무엇으로 입체를 쌓아 올릴 수 있겠는가?

이것은 0을 끌어모아서 집을 짓고 다리를 놓고 비행기를 만드는 것과 같다. 차원의 구성 원리로 보면 3차원 입체 세계 역시 존재하는 것도 아니고 그렇다고 존재하지 않는 것도 아닌 상태가 된다. 다시 말해 有도 아니고 無도 아닌 空이라는 애기이다. 우리가 空의 한 단면만을 보면서 有인 것으로 착각하고 있는 건 아닌지 깊이 생각해 볼 일이다.

다행히 양자역학이 발전하면서 이와 같은 의문을 일정 부분 해소해주고 있다. 하지만 有의 논리에 흠뻑 빠져 지내고 있는 3차원 인간들에게 그것을 이해시키는 것은 여전히 난해한 일이다.

요컨대 모든 것은 정보로만 되어 있다. 점과 선과 면이라는 정보가 결합하여 뭔가 있는 것처럼 그럴듯하게 꾸며 놓았다. 이것이 3차원 입체의 세계이다. 그 입체의 세계를 공간에 자유롭도록 개방한 것이 4차원이고, 여기서 더 나아가 시간에 자유롭도록 몽땅 지워버린 것이 5차원 空이다.

5차원 空이 홀로 독존하고 있다.

空…, 이놈의 나이나 크기, 모습 등은 따질 필요가 없다. 그런 건 有가 성립될 때나 들이대는 잣대이기 때문이다.
또 이놈이 어떻게 해서 삼라만상을 만들어냈는지도 따질 필요가 없다. 그런 건 無가 성립될 때나 가능한 것이기 때문이다.

非有非無한 空은 절대이고, 그래서 천상천하유아독존天上天下唯我獨存이다!

우리는 진리가 단답형 식으로 결정된 것으로 여긴다. 그래서 그것을 구하기 위해 제반의 노력을 기울인다.
그런데 혹시 진리는 OX로 나눌 수 없는, 다시 말해 결정되지 않아 모든 가능성을 내포하고 있는 그 무엇이 아닐까?

4 힘力이란 무엇인가?

空은 정보로 되어 있다. 어떤 것도 결정되지 않은 有·無 공존의 상태이다. 여기에 어떤 해석이 가해져 한쪽 면이 부각되면 차원次元이란 것이 생겨난다.

'해석이 가해진다'는 것은 정보가 폐쇄되어 시공時空에 모종의 변화가 생기는 것을 의미한다. 그리고 그 폐쇄 정도에 따라 4·3·2·1로 쪼개진다.

시공時空에 자유로운 상태인 5차원 空에서 시간의 제약을 받게 되는 정도까지 폐쇄되면 4차원이다. 여기서 공간의 제약마저 받게 되면 3차원이다. 그 밑의 2차원과 1차원은 높이가 빠짐으로써 어떤 구체적 모습으로 드러날 수 없다.

정리하면, 시공에 자유로운 5차원 空이 시간을 잃어버림으로써 4차원이 되고 여기서 다시 공간을 잃어버림으로써 3차원이 된다[13]. 그래서 우리가 살고 있는 3차원 세계는 시공時空 모두의 제약을 받게 된다.

그렇다면 어떻게 해서 그런 제약이 생겼을까?

---

13) 시간을 잃어버린다는 것은 주위의 변화에 영향을 받게 됨으로써 시간적 제약이 생긴다는 뜻이다. 공간을 잃어버린다는 것은 그 변화의 폭이 한정됨으로써 공간적 한계에 걸린다는 뜻이다.

그것은 정보의 폐쇄성에 기인한다. 정보가 폐쇄되면서 차원의 굴곡이 생긴 것이다.

우리가 살고 있는 3차원 세계는 정보가 매우 강하게 폐쇄되어 고착된 상태이다. 그래서 정보라고 하기에는 너무 고정되고 딱딱한 덩어리들의 천지이다. 이렇게 정보가 굳어져 뭉쳐 있는 상태를 질량이라 한다.

질량이란 실제로 어떤 대상이 있는 것이 아니라 정보가 한쪽 방향으로 웅크려 고착된 상태이다. 그것이 마치 有처럼 보이지만, 실상은 비유비무非有非無한 정보일 따름이다.

질량이라는 폐쇄 정보의 범위 내에 머무르는 곳, 바로 우리가 살고 있는 3차원 세상이다.

꿈속에서 느끼는 질량과 현실에서 느끼는 질량은 과연 무슨 차이가 있을까?

질량을 달리 말하면 4차원에 대한 저항값으로 정의할 수 있다. 질량을 지닌 모든 것들은 4차원에 대한 저항값을 가지고 있다. 그 크기가 바로 우리가 알고 있는 에너지이다. 에너지를 아인슈타인이 제시한 것처럼 $E=MC^2$으로 정리할 수 있지만, 더욱 간략히 압축하면 「E = 대차항수」[14]가 된다.

3차원을 구성하는 모든 입자는 입자성과 파동성을 동시에 지니게 되는데, 이 두 개의 총합이 곧 대차항수이다. 그래서 대차항수를 알면 우리 우주에 대한 이해가 깊고 풍부해진다.

2차원 평면을 예로 들어 보자. 그곳은 높이가 없어 현실화가 어려우니 비슷하게 생긴 종이라도 떠올려 보자. 2차원에 최대한 가깝게 하기 위해 100만 톤의 프레스로 종이를 찍어 누르자. 거의 원자 수준의 두께를 지닐 때까지 마구 누른 뒤에 종이를 살짝 들어 보자.

1차원과 2차원은 관념 속에서만 존재한다. 혹시 우리가 사는 3차원 세계도 관념 속에 있는 것은 아닐까?

---

14) 4차원의 한 단면이 폐쇄되어 3차원이 된 것이므로, 3차원에 존재하는 모든 것은 4차원에 대한 폐쇄값을 지니게 된다. 그것이 질량과 에너지로 대표되는 대차항수이다. 자세한 것은 [대도에 이르는 서] 참조.

손에 잡히는 것으로 보아 3차원 입체에 속하긴 하지만, 그래도 모습이 꽤 2 차원을 닮아 있다. 여기서 높이를 더욱 줄여나가면 어떨까?

이미 백만 톤의 압박을 받은 종이를 사정없이 누른다면 상상조차 할 수 없는 저항이 발생할 것이다. 그래도 누르고 또 눌러 높이가 거의 없는 정도까지 가게 되면 저항값이 최고도로 달하게 된다. 차원의 경계에 도달한 저항값, 이것을 특이점(Singularity)이라 한다.

3차원 역시 같은 방식으로 생겨났다. 4차원의 한 단면이 오그라들기 시작했고, 그것이 극한도로 폐쇄되자 더 이상 4차원 초입체의 조건을 만족할 수 없게 되었다. 이것은 차원이 바뀔 것을 예고하는 것으로, 이때의 폐쇄성을 가리켜 특이점이라 한다.

IG BANG THEORY
ETRIC EXPANSION OF SPACE

뱅보다 더 중요한 것은 특이점이 어디서 비롯
것인지를 아는 것이다.

이제 특이점은 중대 기로에 서 있다. 4차원의 압박을 물리치고 제자리로 돌아갈 것인지, 아니면 다른 차원을 만들어 탈출을 시도할 것인지를 결정해야 한다. 길은 두 갈래지만 그 중 일부가 쪼그라들어 3차원을 터뜨린다. 바로 빅뱅(big bang)이다.

박뱅과 동시에 3차원이 탄생했다. 그 태생이 4차원의 저항을 받아 이루어졌기에 이곳에 존재하는 모든 것은 저항값을 지닌다. 그것이 질량과 에너지로 대표되는 대차항수이다.

E = 대차항수

3차원의 모든 힘은 대차항수에서 나온다. 그런데 이것을 분석해 보면 두 갈래의 힘으로 쪼개진다. 하나는 입자성이고 다른 하나는 파동성이다. 서로 다른 두 개의 성질이 한 데 어우러져 3차원 세계를 화려하게 그려내고 있다.

왜 두 갈래의 힘이 나오는가?

앞서 4차원의 저항을 받을 때 반발성과 탈출성의 두 가지 성향을 띤다고 하였다. 전자前者에 의해 입자성이 나오고 후자後者에 의해 파동성이 나오게 된다. 입자를 이루어 움츠러드는 성질과 산산이 흩어져 4차원으로 복귀하려는 두 성질이 교차하며 뭇 변화를 조장하게 된다.

물론 입자가 지닌 이중성은 차원을 더 거슬러 올라가면 有와 無를 동시에 만족하는 空에 그 근원을 두고 있다.

동양에서는 입자와 파동을 연구하는 학문이 진작부터 시작됐다. 역사의 태동과 함께했으니 그 유래가 참으로 오래다. 옛 철인哲人들은 사상四象과 팔괘八卦로써 입자성을 연구했고, 오운五運과 육기六氣로써 파동성을 연구했다. 그럼으로써 3차원 세계의 질서를 대강이나마 파악해 나갔다.

坤	坎	兌	艮	離	巽	震	乾
		兌			巽		
坤	坎	艮		離	震		乾
純陰	水	金	土	火	木		純陽
	徐積	包收	精核	散解	和造		
	一陰		精	一陽			
一太極體							
純陰			太初				純陽
			混極				
			無極				
			太初點				
			太一				

괘상(卦象)과 오행(五行)의 생성을 보여주는 단에 팔괘도. 동양 상수(象數) 철학을 압축해 놓은 도표로서, 독자들은 이런 분야가 있다는 정도만 알고 넘어가면 족하다.

그 연구에 의하면 대강 이런 식으로 정리될 수 있다.

有力과 無力. 여기서 사상·팔괘와 오운·육기로 갈라진다. 사상四象은 우주의 근원적 힘을 만든다. 익히 알려진 강한핵력·약한핵력·전자기력·중력이 바로 그것이다. 이뿐만 아니라 생명의 설계도인 DNA에도 깊숙이 스며들어 A(아데닌), T(티민), G(구아닌), C(사이토신)의 네 갈래 염기서열을 만들어냈다.

그리고 사상이 팔괘와 육십사괘로 분화되고, 이것이 다시 대칭을 이루면서 모두 128개의 원소를 만들어 낸다. 오늘날의 주기율표에는 모두 118개의 원소가 있는데, 괘상卦象으로 미루어 보면 발견될 것이 아직 10개나 더 남아 있게 된다.

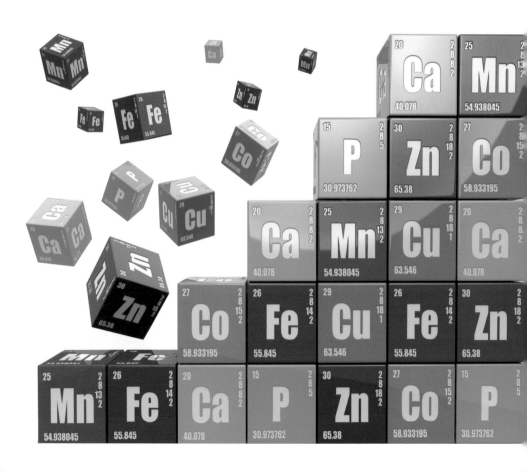

오운五運·육기六氣도 뒤질세라 놀랄만한 성과를 냈다. 木火土金水인 오운이 파동을 이루게 되면 음양으로 갈라져 甲乙丙丁戊己庚辛壬癸가 된다. 오운은 대칭을 정확히 이루게 됨으로써 질량이 없는 고차원적 원리에 적용된다. 반면에 육기는 오운에 土가 하나 더 붙게 됨으로써 대칭이 깨져 버린 상태이다. 그 결과 子丑寅卯辰巳午未申酉戌亥의 열두 축이 생겨나고, 이 때문에 질량이 생겨 3차원으로 응축하게 된다.

오운에서 육기가 됨으로써 우리 우주는 4차원의 한 단면에 3차원 제국을 건설할 수 있었다. 육기는 子丑寅卯辰巳午未申酉戌亥라는 12개의 기본 입자로 되어 있고, 이들 사이에 힘을 전달하는 辰戌丑未 네 개의 土[15]를 지니고 있다. 오늘날의 표준 모형과 매우 흡사하게 일치하고 있다.

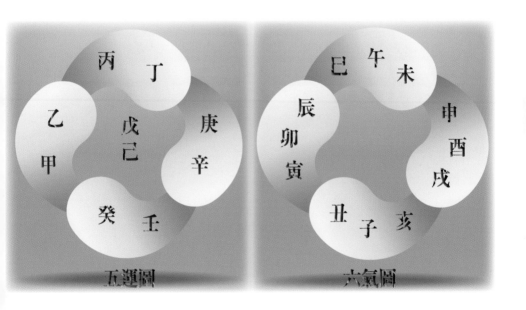

五運圖　　　　　　　　　六氣圖

---

15) 辰戌丑未가 중앙(4차원)에 위치할 때는 오운으로 작용하고, 그것이 힘을 매개할 때는 바깥(3차원)으로 이동하여 열두 개의 입자를 이룬다. 표준모형에 따르면 우주에는 12개의 기본 입자와, 이들 사이에 힘을 전달하는 4개의 매개입자(광자·Z보존·W보존·글루온)가 존재한다.

현대물리학이 발견한 가장 놀라운 성과로 자연계에 존재하는 네 가지 힘을 빼놓을 수 없다.

그런데 왜 자연계에는 네 가지 힘만 존재하는가?

초등학생 정도만 되어도 물어봄직한 이 질문에 대한 답은 아직까지 없다. 과학자들은 앞으로도 꽤 오랜 시간 동안 여기에 대한 답을 내리지 못할 것으로 본다.

하지만 동양에서는 아주 오래전에 답을 내렸다. 사상四象이 바로 그것이다. 자연계에 존재하는 힘은 有力과 無力이고, 이 두 개의 힘이 교차해서 태양太陽·태음太陰·소양少陽·소음少陰의 네 가지 힘을 만들어 낸다. 이 네 가지 힘이 우주를 떠받치는 대들보가 된 것이다.

사상출도(四象出圖)

그런데 우리가 과학을 통해 자연 법칙을 알아 나가기에는 네 가지 힘은 너무 많다. 아마 세 개 이하로 있었다면 오늘날의 과학은 훨씬 진보된 상태에 있을 것이다.

특히 중력은 여간 골치 아픈 존재가 아니다. 중력을 제외한 강한 핵력, 약한 핵력, 전자기력은 어느 정도 절충점을 찾아 힘의 원리를 풀어나가는 중이지만, 중력만큼은 너무 아득하여 이제 겨우 중력파를 측정했다고 하는 정도이다.

어쨌든 현대물리학의 핵심은 네 가지 힘을 단순화하는 데에 있다. 그래야만 우주를 보다 간명하고 정확히 이해할 수 있고, 이것을 발판으로 삼아 수준 높은 과학의 탑을 계속해서 쌓아 나갈 수 있다.

게이지 대칭

과학자들은 네 가지 힘을 어떻게 통일할지 막막하기만 했다. 이때 자연스럽게 유행하기 시작한 것이 있다. 그것은 바로 동양 철학의 태극이다.

혹시 자연계는 태극처럼 대칭으로 되어 있는 것은 아닌가?

이런 생각은 게이지(gauge) 대칭을 입자 물리학에 접목하게 됐고, 오늘날 가장 정답에 가깝다고 여겨지는 표준모형을 불러오게 하였다.

우주를 구성하는 모든 것이 대칭으로 되어 있는 것은 결국 소멸하여 쏲으로 복귀해야 하기 때문이다. 그래서 존재하는 모든 것을 합하면 어떤 물리량이든 '0'이 된다.

소립자의 세계를 관측하면 마치 잔잔한 호수에 돌멩이를 던지는 것과 같은 변화가 발생한다. 여기저기 온통 파동뿐이고, 그래서 원래의 호수 표면을 알 길이 없다. 고전물리학에서 입자로 기술하는 방식은 더 이상 통하지 않기에 어쩔 수 없이 양자역학의 확률적 방법을 써야 하는데, 그만큼 정확도는 떨어질 수밖에 없다.

출렁이던 호수를 다시 잔잔하게 만들려면 어떤 힘들이 교류하며 대칭을 잡아줘야 한다. 대칭을 잡지 않으면 균형이 깨져 다시금 출렁일 것이다. 여기서 대칭을 잡게 해 주는 게이지 입자들이 필요하게 됐고, 이것을 대입하여 힘의 원리를 정리한 것이 표준모형이다.

자, 이제 게이지 입자들이 대칭을 잡아 호수 표면이 잔잔해졌다. 바람이 멈춘 고요한 호수, 여기엔 어떤 변화도 찾아볼 수 없다. 질량이 완전히 사라진 것이다. 만일 어디선가 바람이 불어준다면 대칭이 깨지면서 다시 파도(질량)가 넘실댈 것이다. 이처럼 질량이란 입자들의 대칭이 깨지면서 발생한 굴곡진 변화의 산물이다.

혹시 우리는 정보로 이루어진 바다의 수면에서 일어나는 기포를 보고 우주를 재단하고 해석하고 있는 것은 아닐까?

여기서 커다란 모순이 발생한다. 익히 알듯이 표준모형
은 기초 입자들의 대칭을 기반으로 하는 이론이다.

이론대로 되면 호수 표면이 태극처럼 균형을 잡으면서
파도를 잦아들게 할 것이다. 파도가 멈추면 질량 역시
사라져 버린다.

질량은 우리 3차원 우주를 구성하는 질료이며 대들보이다. 따라서 질량이
없이는 빅뱅도 없고 수많은 은하와 별들, 그리고 생명도 기대할 수 없다.

이런 문제 때문에 표준모형이 처음 나왔을 당시에 과학자들의 주목을 끌지
못했다. 동양철학의 태극을 멋대로 끌어다 쓰다 삼천포로 빠졌다는 비판들
도 생겨났다.

여러분들이 그 시점에 처해 있다면 어떻게 이 문제를 해결할 것인가? 만일
그것을 해결한다면 노벨상을 타게 될 것이다.

여기서 등장한 것이 바로 자발적 대칭성 깨짐(spontaneous symmetry
breaking)이다. 호수가 잔잔하게 유지되고 있다가 그것이 현실에 드러나게
될 때 저절로 대칭성이 깨지면서 질량이 생겨난다는 이론이다. 다시 말해 삼
라만상 모든 것이 대칭을 이루어 질량이 없다가, 어떤 고차원 존재의 개입 내
지 3차원의 관측에 의해 비로소 질량이 생겨나 현실화된다는 얘기이다.

슈뢰딩거의 고양이처럼 우스꽝스럽고 기괴한 설명은
과학자들의 큰 관심을 불러오게 되었고, 결국 이것을 입
자물리학에 처음으로 도입한 난부 요이치로는 2008년
에 노벨 물리학상을 수상하게 되었다.

난부
요이치로

갑자기 물리학이 이상한 나라의 앨리스가 된 느낌이다. 하지만 앞서 얘기했듯 소립자의 세계는 4차원과의 접경에 있고 그렇기에 3차원적 사고로 이해하기 어려운 일들이 수없이 발생한다. 2차원 평면 세계에서 사각뿔을 접하는 것처럼.

그런데 산을 하나 넘으면 또 산이다. 「자발적 대칭성 깨짐」이 발생한다고 하면서 얼렁뚱땅 넘어가면 과학이 아니다. 대칭성이 깨지면서 어떻게 질량이 생겨나는지에 대한 뚜렷한 모델을 제시해야 할 것이다.
여기서 등장한 것이 잔잔한 호수에 던져질 돌멩이다. 돌멩이만 호수에 던져지면 대칭성이 깨지고, 한쪽으로 쏠림 현상이 일면서 질량이 생겨날 것이다. 일단 물보라만 일어나면 질량이 생기고, 이로써 3차원 우리 우주를 만들어 낼 수 있게 된다.

질량

질량은 정보의 폐쇄 정도를 나타내는 수치이다.

돌멩이가 필요하다고 처음으로 외친 이가 힉스이다. 그래서 힉스 돌멩이, 다시 말해 힉스 입자라 부른다.

피터 힉스

이때부터 힉스 입자를 찾기 위해 천문학적인 돈을 쏟아붇기 시작했다. 미국에선 20여 년 전에 2조 원가량을 투자하고도 그 재정적 압박을 이기지 못해 포기하고 말았다.

하지만 누군가 이 일을 계속하지 않으면 인류의 발전은 멈출 것이다. 그래서 유럽연합이 무려 10조 원을 들여 둘레가 27km에 이르는 관측 장비를 만들었다. 그것이 바로 2008년 9월 10일, 마침내 공식 가동에 들어간 유럽 원자핵 공동연구소(CERN)의 '대형 강입자 충돌기(Large Hadron Collider)'이다.

유럽연합의 '대형 강입자 충돌기'

그러면 이 시점에서 질량이 어떻게 만들어지는지 살펴보자.

질량은 4차원에 대한 저항값이다. 누차 말하지만 질량은 어떤 구체적 실체가 있는 것이 아니라 「저항값을 지닌 정보 덩어리」를 말한다.

질량이 없는 잔잔한 호수, 이것은 4차원과 접하는 이를테면 국경 같은 것이다. 잔잔한 상태로 있으면 질량이 없다. 질량이 없다는 애기는 4차원에 달싹 붙어 있다는 뜻이다.

그런데 누군가 이것을 흔들면 저항값이 생기면서 질량이 붙게 된다. 이렇게 되면 3차원으로 떨어지게 된다.

과연 누가 있어 이것을 흔들 것인가?

3차원에서 관찰을 통해 광자라는 돌멩이를 마구 던지면 되지 않겠는가?

우리 우주가 실험실 안의 한 공간이라면 그런 방법도 일리는 있을 것이다. 하지만 138억 년에 이르는 광대한 시공간을 창조하려면 그와 같은 방식으로는 어림도 없다.

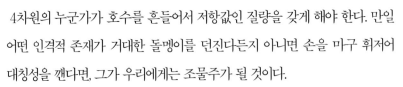

4차원의 누군가가 호수를 흔들어서 저항값인 질량을 갖게 해야 한다. 만일 어떤 인격적 존재가 거대한 돌멩이를 던진다든지 아니면 손을 마구 휘저어 대칭성을 깬다면, 그가 우리에게는 조물주가 될 것이다.

하지만 자연 법칙에 그런 조물주가 등장하는 것은 결코 아름답지 않다. 아마 존재하는 법칙 가운데 최악의 그림이 될 것이다.

그렇다면 4차원의 어떤 현상에 의해 저절로 대칭성 깨짐이 일어나야 한다. 그러려면 호수와 맞닿아 있는 4차원의 한 지점에서 진동이 일어나야 한다. 그 진동이 순간에 그치지 않고 지속적으로 일어나야 한다. 잠깐 일어나다 멈추는 진동이라면 우리 3차원은 수포와 같은 짧은 수명을 갖게 될 것이다.

4차원 진동…! 이것은 빅뱅 시에 받은 충격파에서 찾을 수 있다.

4차원의 한 단면이 빅뱅에 의해 쪼그라들자, 마치 원래 상태를 회복하려는 면역작용 같은 것이 일어난다. 이것이 3차원과의 경계면에 지속적인 진동을 일으켜 댄다. 이제 잔잔했던 호수는 일순 일그러지면서 저항값, 즉 질량이란 것이 생겨난다.

이때 3차원 질량의 세계에 별로 쓸모없어 보이는 입자도 나타난다. 그것이 한 개일 수 있고 여러 개일 수 있다. 바로 힉스 입자이다. 힉스 입자는 4차원 진동에 의해 질량이 생겨나는 과정에 이쪽저쪽에 끼지 못해 남게 된 흔적 같은 것이다. 힉스 입자가 어떤 구체적 역할을 한 것이 아니다.

입자가속기 실험 중에 발생한 입자의 충돌

요컨대 빅뱅에 의해 생겨난 4차원 진동, 이것이 자연의 대칭성을 깨고 질량을 부여하게 된다.

이때 우리가 주목해야 할 것이 있다. 우리가 알고 있는 질량이란 것, 이것은 결국 0에서 나왔다는 점이다. 4차원에서 질량을 준 것이 아니라 없던 질량이 생겨난 것이다. 쉽게 말해 0에서 1·2·3···이 나왔다는 얘기이다.

삼라만상을 有라고 보면 불가능한 일이다. 하지만 삼라만상이 空이고 정보라면 가능하다. 정보가 3차원적 해석을 내리게 되면서 질량이 나오고, 결과적으로 세상이 좀 더 실감 있게 그려지게 된 것이다.

정보···! 삼라만상 모든 것의 실체는 정보이다. 질량으로 인해 마치 어떤 실체가 있는 것처럼 착각하고 있을 뿐이다.

일반상대성이론

아인슈타인은 1905년에 특수상대성이론을 발표하여 세상을 발칵 뒤집어 놓았다. 하지만 그는 만족하지 않았다. 중력의 문제가 해결되지 않고는 특수상대성이론은 허점을 보일 수밖에 없기 때문이다.

뉴턴은 떨어지는 사과를 보면서 만유인력을 고안해 냈다. 인류 역사상 가장 위대한 사건이라 평하는 것치고는 너무나 단순한 사실에서 비롯했다. 여기에 비할만한 대형 사건이 또 한 차례 터졌으니 바로 아인슈타인이 1915년에 발표한 일반상대성이론이다. 이것 역시 자석의 자기장을 보면서 떠올린 아이디어였으니, 진리는 단순함에 있다는 사실을 다시 한 번 상기하게 해준다.

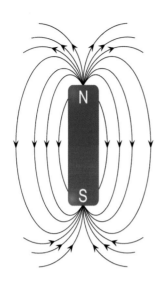

일반상대성이론은 매우 간단하다. 물체와 물체 사이의 공간은 텅 비워진 것이 아니라 어떤 힘(場)들로 가득 차 있다는 발상이다. 이로써 공간을 물리 세계로 끌어왔고 여기서 힘에 의한 굴곡, 다시 말해 휘어진 공간이 등장하게 된다. 아인슈타인은 공간을 중력장으로 놓음으로써 중력 질량과 관성 질량이 같게 되는 원리를 제시했고, 나아가 빅뱅과 블랙홀까지 예측하게 하였다.

떨어지는 사과와 채워진 공간, 이 두 개의 발상은 실로 인류 역사를 송두리째 변화시켰다. 여기에 필자가 감히 하나를 덧붙이자면, 그것은 정보이다. 우리의 생각이 곧 우주의 본질이라는 지극히 단조롭고 진부한 주장이다. 옛 선승들로부터 꾸준히 던져진 명제지만, 이것을 좀 더 논리적으로 풀어내고 싶었다. 훗날 과학적으로 증명된다면 영적 혁명이 일어나 4차원 문명이 앞당겨질 것으로 조심스럽게 예측해 본다.

자, 다시 원점으로 돌아와서 아인슈타인의 휘어진 공간을 논해 보자. 이상의 2차원 평면을 보면 3차원 중력 공 때문에 휘어져 있다. 그런데 2차원 공간은 어디로 휘어져 있는가?

기존 아인슈타인 이론에 따르면, 2차원 공간이 휘어지면[16] 마치 종이가 구겨진 것 같은 3차원 공간이 되는데, 2차원 생물의 눈에는 휘어진 그것들이 보이지 않는다. 그들은 단지 2차원 표면이 휘어진 것을 간접적인 측정을 통해서만 알 수 있다.[17] 만일 2차원 평면 세계를 날아가는 비행기가 휘어진 공간을 지나면 빛의 굴절에 의해 왜곡되어 보일 것이다.

그렇다면 같은 질문을 3차원에 던져 보자. 3차원 공간이 휘면 도대체 어디로 가는 것인가?

3차원에서 볼때, 2차원 평면이 휘는 것은 우리가 쉽게 인지할 수 있다. 하지만 3차원 공간이 휘는 것은 도무지 떠오르지 않는다. 종이를 휘라고 하면 간단하지만, 농구공을 주고 전체를 균일하게 휘어보라고 하면 답이 없다. 기껏 생각해 봐야 농구공의 바람을 빼서 찌그러트리는 것이 전부다. 압축과 공간이 휘는 문제는 전혀 다른 개념이다.

왜 우리는 3차원 공간이 휘는 것을 관찰은 고사하고 상상으로도 그려낼 수 없는가? 그건 어떤 차원에 있는 물체가 휘어지면 그보다 높은 차원으로 들어가기 때문이다. 이런 차원의 특성에 입각해서 보면 3차원 공간은 4차원으로 휘게 되고, 결과적으로 3차원에서는 극히 일부만 관측이 가능하게 된다.

---

16) 원래는 2차원 공간이 휜다는 것 자체가 성립하지 않는다. 따라서 2차원이 휜다는 것은 3차원으로 들어가게 된 것을 의미한다. 공간을 장(場/field)처럼 무언가 있는 것(有)으로 해석해서는 오해의 소지가 다분한 부분이다.

17) 아인슈타인 이론에서의 2차원 관찰자는 가장자리를 제외하고는 원뿔, 원통, 도넛… 모양 등을 구별할 수 없다. 모두 펼치면 평면이 되기 때문이다.

여기서 모순이 발생한다. 아인슈타인은 일반상대성이론에서 중력의 정체를 휜 공간으로 풀어냈다. 그리고 이 주장은 1919년 5월 29일 에딩턴 (Eddington)이 찍은 개기 일식 사진에 의해 최초로 밝혀졌다.

하지만 정말로 공간이 휘었다면 단순히 빛이 휘이는 정도로 관측되어서는 안 된다. 빛이 잠깐 동안 4차원을 통과했다는 얘기인데, 만일 그렇게 되면 마치 물속을 통과하는 것처럼 관측상 평소와 다른 현상이 목격되어야 한다.

이런 점을 떠나서도 질량을 가진 모든 것은 작든 크든 4차원으로 휘게 되고, 결국엔 모든 것들에서 빛의 굴절과 같은 현상이 목격되어야 한다. 휘어진 공간의 설정은 한마디로 깔끔하게 정리되지 않으며, 여전히 필요에 따라 뉴턴 역학을 활용하는 것도 그런 이유이다.

그렇다면 도대체 휘어진 빛은 무엇을 상징하는 것인가?

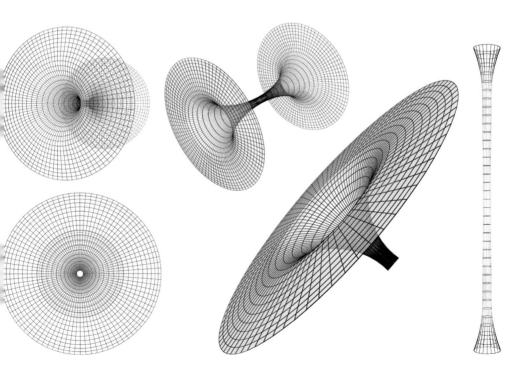

2차원 생물이 2차원을 볼 수 없는 것처럼 3차원 생물 역시 3차원을 볼 수 없다.
우리가 3차원으로 여기는 것들은 뇌가 2차원 정보를 조합하여 상상으로 그려낸 것이다.

우리는 이 시점에 아인슈타인의 일반상대성이론을 근본적으로 다시 생각해 볼 필요가 있다. 정말로 공간이 휜 것이 맞느냐는 점이다. 공간이 휜 것이 아니라 단순하게 빛이 휘었다고 보면 안 될까?

공간이란 무엇인가?

공간의 사전적 정의는, 물체와 물체 사이에 텅 비어 있는 장소를 말한다. 이것을 양자역학에서 보면, 어떤 것도 결정되지 않아 순수한 정보 상태를 유지하고 있는 영역을 뜻한다. 더 쉽게 표현하면 5차원 空이 된다.

사실 공간과 그 사이의 물체 모두 5차원 空으로 되어 있다. 차원을 막론하고 존재하는 모든 것은 空뿐이다. 그래서 공간은 空이다. 이런 空에 어떤 결정을 내림으로써 다양한 정보 현상이 생겨난다. 정보의 이합집산이 끊임없이 펼쳐지며 온갖 변화와 창조를 일으킨다. 정보들은 차원에 따라 구분되는데, 가령 모니터의 화소처럼 조밀하여 실감 나면 3차원, 성글고 몽환적이면 4차원이다. 쉽게 UHD TV와 SD TV 화질을 연상해도 좋다.

중력에 의한 휘어진 빛, 중력렌즈

파장의 간섭 현상. 정보가 섞이고 왜곡되는 현상에 3차원적 해석을 가함으로써 더 큰 오류에 빠지게 된다.

정리하면, 5차원 空에 성글고 조밀한 정보들이 이합집산을 반복하며 환유幻有를 그려내고 있는 것이 우주가 된다. 더 간단히 추리면 空과 저항값만 있게 된다. 전자를 절대絶對 후자를 상대相對라 하며, 두 개가 한 몸으로 둥글어가는 것이 실존實存이다.

이렇게 보면 공간이란 휘일 것도 없고 휘지 않을 것도 없다. 휘고 휘지 않고의 개념은 지극히 3차원의 결정론적 사고방식이다. 다시 말해 만물을 有로 한정하여 보는 편협한 시각에서 비롯된 것이다.

가령 2차원 면面을 보면, 모종의 시간과 거리감(공간성) 같은 것만 있어 휜다는 것 자체가 성립하지 않는다. 이는 '공간적 방향'이라는 것이 3차원이 돼야만 생겨나기 때문이다[18]. 2차원은 3차원과는 전혀 다른 규칙을 지닌 곳임에도 불구하고 우리는 무의식적으로 3차원 입장에서 보고 판단하게 된다.

물리학에서의 공간 차원은, 3차원 아래는 3차원의 입장에서 하나의 단면을 취해 떠올리고, 3차원 위는 3차원의 질서를 따른다는 전제하에 3차원적 방향 축만 추가해 만들어진다. 따라서 3차원을 벗어나면 어떤 차원을 막론하고 기존 수학과 물리학에서 말하는 차원과 달라지게 된다.

---

18) 3차원적인 시각에서 볼 때, 2차원에서 방향이 성립하려면 회전을 구분할 수 있어야 한다. 그런데 회전이라는 것은 3차원의 높이(수직 축 기준)가 있어야만 성립한다.

그렇기에 우리가 고차원을 이해하려면 3차원적 틀거지를 벗어나는 데에 주안을 두어야 한다. 그것이 바로 有·無의 속박에서 벗어나 정보를 이해하고 다루는 것이다.

다시 말하지만, 공간은 있는 것(3차원적인 有)이 아니며 그렇기에 '공간이 휜다'는 것 자체가 성립하지 않는다. 굳이 어떤 차원의 '공간이 휜다'고 하려면, 그 차원의 정보가 더 높은 차원에 들어감으로써 정보의 성향(해석)이 바뀌는 것이어야 한다.

따라서 공간이 휜 것이 아니라 빛이 휜 것으로 보아야 자연법칙은 보다 간명하고 아름답게 된다. 빛의 정보가 태양의 강력한 폐쇄 정보와 간섭을 일으킨 현상이 휘어짐으로 나타난 것은 아닐까? 태양이 지닌 묵직한 폐쇄 정보와 빛이 지닌 빠르고 곧은 정보가 간섭되고, 그 결과 살짝 폐쇄 정보 쪽으로 치우쳐진 것으로 말이다.

모든 것은 정보끼리의 간섭과 교차, 충돌에 의한 변화이다. 블랙홀 역시 휘어진 공간으로 인해 빛이 빠져나오지 못하는 것이 아니라, 블랙홀의 폐쇄 정보가 빛에 덧씌워져 그것의 활동에 제약이 걸린 것으로 봐야 한다.

우리가 오늘날 진리라고 믿고 있는 것이 과연 진리가 맞을까? 중세에 천동설을 진리라고 굳게 믿고 있었던 것처럼 우리 역시 그럴 가능성은 얼마든지 있다.

웜홀의 생성 휘어진 공간을 통해 우주를 관통한다는 발상. 우주를 광대하다고 여기는 3차원적 발상에서 벗어나지 않는 한 우주일가는 불가능하다.

영화 「인터스텔라」를 통해 더욱 유명해진 웜홀(worm hole) 또한 같은 방식으로 이해해야 한다. 흔히 웜홀을 설명할 때 2차원 평면을 구부림으로써 생겨난 지름길을 보여준다. 2차원을 휘어 3차원을 만들면 지름길이 생겨나듯, 3차원 역시 휘어 4차원을 만들면 우주를 관통하는 웜홀이 된다는 견해이다. 물론 실제로 이런 일을 하려면 무한대에 가까운 에너지가 필요하지만, 아인슈타인이 예견한 휘어진 공간을 샅샅이 뒤지다 보면 자연적으로 형성된 웜홀을 발견하지 않으리라는 법도 없다.

하지만 앞서 말했듯 자연의 본래 모습을 이해하기 위해서는 3차원의 결정론적 사고를 버려야 한다. 아인슈타인이 인류에게 놀라운 사고의 폭을 전해 줬지만 그와 동시에 고정관념을 심어 주기도 했다. 공간은 그냥 5차원 쯤 자체로 있고, 우리가 3차원적 결정을 내려 3차원이 된 것뿐이다.

우리는 3차원으로 해석된 곳에서 살고 있다. 따라서 웜홀을 만들려면 해석을 바꾸는 것이 먼저이다. 양자量子의 세계처럼 상태중첩을 만들면 3차원의 틀은 허물어진다. 그러면 우주는 하나로 이어진다. 138억 년 거리도 손만 뻗으면 닿을 거리가 된다.

해석이 없으면 거리도 없다. 해석이 가해지면서 너와 나로 갈라졌고 우주는 산산이 조각났다. 해석이 없으면 우주는 한 몸이고 하나의 생명이다. 그러니 점프해서 어느 곳으로 갈 것이 아니라, 제자리에서 해석만 바꾸면 된다. 진정한 웜홀은 이동하는 것이 아니라 해석을 바꾸는 데에 있다.

따라서 거시세계에서 무한대에 가까운 에너지를 얻으려 하지 말고, 양자 세계의 상태중첩으로 들어가는 문을 찾는 것이 현명할 것이다.

참고로, 현재 쓰고 있는 컴퓨터는 모든 것을 1과 0의 부호로 나누어 계산한다. 이 덕분에 우리의 문명은 속도전에서 유리한 고지를 점했다. 그런데 만일 1과 0으로 나누지 않고 1과 0이 중첩된 상태에서 계산을 하면 어떨까?

이렇게 양자 상태가 되면 그 속도가 대략 1억 배는 빨라진다. 완성을 목전에 두고 있는 양자 컴퓨터는 상상할 수 없는 문명의 진보를 앞당기게 될 것이다. 이처럼 현대 문명의 성패는 1과 0대립에서 탈피하여 1과 0의 통합에 달려 있다 해도 과언이 아니다. 아마 머지않아 그 해법이 속속들이 드러나지 않을까 싶다.

양자컴퓨터 1과 0의 값만 갖는 기존 컴퓨터의 비트(bit) 대신 1과 0이 중첩된 큐비트(qubit)를 써서 그 성능을 무한히 끌어올린다.

요컨대 뉴턴은 태양과 그 부속 행성들의 운동을 만유인력의 법칙에서 찾았고, 아인슈타인은 여기서 한 발 더 나아가 휘어진 공간으로써 풀어냈다. 이 두 가지 시도는 인류에게 커다란 지혜를 선사했다는 점에서는 이견이 없다.

하지만 현대물리학의 정점을 이루는 양자역학과는 여전히 상충된다. 그래서 거시세계와 미시세계로 갈라서 보는 것이 과학계의 유행이라면 유행이다. 허나 자연을 작은 입자와 큰 입자로 나눠서 보는 것은 문학이나 예술 분야라면 모를까 과학에는 어울리지 않는다.

자연은 하나이다. 자연에 대한 해석이 관찰자에 따라 제각기 다르지만, 그렇더라도 공통분모는 있기 마련이다. 그것만은 하나의 법칙으로 설명되어져야 한다.

정보…! 존재의 질료를 정보에서 찾는 것이 그 열쇠가 되어 줄 것이다.

변화란 정보들끼리의 간섭과 교차, 충돌로 인해 발생한다. 이런 변화를 3차원적 틀 안에 가두고 보면 3차원이고 2차원적 틀로 더욱 좁히면 2차원이 된다. 5차원 空과 거기서 파생된 정보를 관찰하는 기준[해석 방법]에 따라 차원이 갈라지고 우주가 생성되는 것이다. 존재하는 모든 것은 空과 그것이 일으킨 정보의 파도만 있을 뿐이다.

시간이란 무엇인가?

 말이 나온 김에 아인슈타인이 1905년에 발표한 특수
상대성이론도 따져 보자.

 여기서 가장 중요한 명제는「빛은 등속으로 움직이는
모든 관측자에 대해 같은 속도로 움직인다」이다.

 가령 초속 10만km와 20만km로 달리는 A·B 두 대
의 로켓 사이로 초속 30만km의 빛이 지나가고 있다.

초속 10만km의 A로켓에서 옆을 지나는 B로켓과 빛의 속도를 재면 어떻게
나올까?

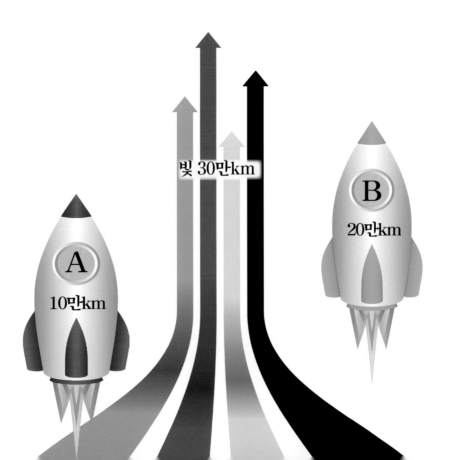

빛 30만km

B

20만km

A

10만km

초등학교 1학년 수준이면 풀만 한 뺄셈 문제이다. B로켓은 20만km에서 10만km를 빼니 10만km의 속도가 나올 것이다. 그리고 빛은 30만km에서 10만km를 빼니 20만km가 나올 것이다.

만일 답이 이와 같이 나왔다면 특수상대성이론은 세상에 나오지 않았을 것이다.

놀랍게도 빛은 초속 30만km에서 조금도 줄지 않는다. 정지해서 관찰하든, 뛰면서 관찰하든, 비행기를 타고 관찰하든 등속 운동하는 빛의 속도는 항상 같은 값으로 나온다. 아마 인류 역사상 뺄셈을 적용할 수 없게 된 최초의 사례가 아닌가 싶다. 그러니 당시 세상 사람들이 받았을 충격은 어마어마한 것이었을 것이다.

어떻게 해서 빛의 속도가 항상 일정하게 나오는 것일까?
빛이 관측자의 속도를 일일이 계산해서 자신의 속도를 조절하는 것일까?

아인슈타인은 광속 불변의 원칙을 세웠고, 그럼으로써 일그러진 뺄셈 결과를 관찰자 탓으로 돌렸다. 광속을 일정하게 맞추기 위해 관찰자의 시간을 느리게 돌린 것이다. 이렇게 되면 등속 운동에 있어서는 관찰자의 속도에 관계 없이 광속을 일정하게 유지할 수 있게 된다. 절대적이라고 여겨지던 시간의 개념이 산산이 부서지는 대목이다.

특수상대성이론은 일반상대성이론과 더불어 내비게이션을 비롯한 여러 항법 장치에 적용돼 유용하게 사용되고 있다. 하지만 이 이론에는 여전히 어설픈 구석이 남아 있다. 완벽한 이론이란 군더더기가 없이 깔끔한 명제로 이루어진다. 그래서 어떤 가설에도 간단명료하게 해답을 내려준다.

하지만 특수상대성이론은 조건이 한정되어 있다. 빛이 등속으로 운동할 때만 적용되니 말이다. 로켓 옆을 빛이 이리저리 비딱하게 지나는 경우는 해당되지 않는다.

이뿐만 아니라 중력의 크기에 따라 변하는 시간에 대한 부분도 명쾌하게 해결해 주지 못한다. 또한 쌍둥이 패러독스에서 보듯, 로켓을 탄 쌍둥이 형이 운동의 방향을 바꾸지 않아 지구로 돌아오지 않을 경우에 발생하는 모순도 남아 있다. 물론 로켓을 탄 쌍둥이가 지구로 귀환할 때는 과학적 설명이 쉽지만, 그렇지 않고 영원히 직선으로 멀어진다면 시간의 모순에 걸리게 된다.

왜 특수상대성이론은 자신에게 붙여진 이름처럼 어떤 특별한 조건 내에서만 적용되는 것일까?

모든 자연 현상에 고루 적용할 수 있는 완벽한 이론이 되지 못한 이유는 무엇일까?

이것 역시 기계론적 사고관에 기인한다. 아인슈타인은 정작 자신으로 인해 양자역학이 시작됐지만, 죽을 때까지 그곳에서 관측되는 사실을 부정했다.

그는 「신은 주사위를 던지지 않는다」는 말을 통해 우주는 충분한 자료만 모으면 미래의 변화를 정확히 예측할 수 있다고 믿었다.

이런 그의 신념은 물질을 실재하는 것으로 봤기 때문에 생긴 것이다. 물질이 실제로 존재하는 것으로 보는 한 기계론적 세계관에서 탈피할 수 없다. 그렇기에 아인슈타인의 이론은 철저히 3차원 물리 현상으로 국한되어 있다.

우리의 의식이 부지불식중 기계의 일부처럼 변해가고 있는 것은 아닐까?

　시간…? 이건 어떤 변화가 진행되는 속도를 말한다. 변화란 저항을 받아 응축하면 느려진다. 자연히 시간도 느려진다. 우리가 공기 중을 걷는 것보다 물속을 걷는 것이 힘든 것도 저항 때문이다.

　저항값이 높으면 그 계界 내에 있는 모든 것들이 느려진다. 이런 이유로 인해 아파트 1층에 사는 사람은 그 위층에 사는 사람보다 느린 시간 속에서 살아가게 된다. 또한 지구보다 저항값이 큰 로켓을 타고 있는 쌍둥이 형의 시간이 더 느리게 간다. 같은 속도로 멀어지더라도 대차항수 제5법칙(p103)에 의해 지구에 남아 있는 쌍둥이 동생이, 로켓에 탄 쌍둥이 형보다 저항값이 적게 되고 그만큼 시간이 빠르게 흐르게 된다.

　또한 아직 실험으로 밝혀진 것은 아니지만 기온이 높은 곳이 낮은 곳에 비해 생체 시간이 빠르게 흐르게 된다. 생체를 구성하는 분자들이 활발하게 운동하면 할수록 저항값이 작아지기[19] 때문이다. 필자가 수학에 문외한이라 정확히 예측할 수는 없지만 대략 아래 정도의 시간 차이를 보이지 않을까 싶다.

$$T = \frac{S}{(A-B)^2}$$ ★ T=시간, S=광속, (A-B)=온도 차

가령, A지역과 B지역의 온도차가 20도가 나면, 기온이 높은 지역의 시간이 낮은 지역에 비해 0.001333…초 빠르게 간다. 하루에 2분 정도 단축된 삶을 살게 되는데, 80평생으로 치면 대략 한 달 정도의 차이가 난다.

아무튼 저항값에 따라 모든 것이 존재하고 변한다는 사실을 이해한다면 상대적 시간이 오히려 절대적 시간보다 자연스럽게 다가올 것이다.

3차원 존재 가운데 저항값을 지니지 않은 것은 없다. 그런데 혹시 우리 스스로 아틀라스가 되어 자신에게 주어진 저항값보다 훨씬 큰 짐을 지고 살아가고 있는 것은 아닐까?

---

19). 일반적으로는 속도가 빨라지면 저항값이 커진다. 그런데 고립된 계 내에서, 다시 말해 하나의 생명체 내에서 분자들의 속도가 빨라지면 물질이 지닌 응축된 폐쇄성을 완화시킴으로써 전체 저항값을 낮추게 된다. 다시 말해, 속도에 의한 자체 저항값은 오르지만 고립된 계 내의 전체 저항값은 낮아지게 된다.

$E=MC^2$에 의하면, 로켓이 빛의 속도에 근접하게 날아가면 질량이 어마어마하게 커진다. 그러다가 빛의 속도와 같게 되는 순간 거의 무한대의 질량이 생겨나게 된다. 어디서 그런 어마어마한 질량이 생기는 것일까? 달리기 좀 했다고 살이 수천억 배로 불어났다는 얘기인데, 이것 역시 질량을 자꾸만 어떤 실체가 있는 有로 생각해서 빚어진 오해이다.

질량은 저항값이다. 속도를 높이니 당연히 그 값이 커지는 것뿐이다. 질량이 클수록 그 계界 내의 원자들의 움직임은 느려지고 이 때문에 시간이 천천히 간다. 속도도 마찬가지이다. 속도를 높이면 저항값이 커지고 그만큼 시간은 느리게 간다.

시간은 광속불변을 맞추기 위한 관찰자의 굴욕이 아니다. 시간은 4차원에 대한 저항값을 지닌 3차원 모두가 지닌 공통의 문제이다.

정보물리학

현대물리학으로 넘어오면서 크게 세분화되어 다양한 종류의 물리학이 생겨났다. 그만큼 연구 분야가 폭넓고 깊어졌지만 입자가 우리 세상을 떠받치는 참된 질료라는 믿음에는 변함이 없다. 입자…, 그건 마치 수학에서의 공리公理와 같이 불변하는 절대적 진리로 자리매김하고 있다.

하지만 실험 결과가 쌓이면서 입자만 가지고는 세상을 설명할 수 없게 되었다. 그래서 파동과 같이 그 존재가 드러난 것에 초끈(superstring), 막(brane), 공간 양자… 등의 가상적 존재를 추가해서 자연 법칙을 이해하려

했다. 수십 년 동안 세계의 석학들이 온갖 지혜를 다 짜내어 물리의 세계를 정복하려 했지만 그 벽이 너무나 크고 높았다. 모든 물리 법칙을 통일하는 대통일장이론(Grand Unified Theory)은 요원하기만 한 현실이다.

혹시 이제껏 잘못된 열쇠를 가지고 존재의 비밀을 열려고 한 것은 아닌지 진지하게 반문해 볼 필요가 있겠다.

문제를 가지고 문제를 풀면 또 다른 문제가 생겨나 되풀이된다. 마찬가지로 입자를 가지고 물리物理를 풀면 어쩔 수 없이 또다른 문제에 부닥치게 된다. 사실 이런 일을 수없이 반복해 오지 않았던가.

이제 입자를 버리고 다른 열쇠를 취할 때가 되었다. 바로 정보이다. 정보라는 새로운 열쇠를 가지고 모든 물리 현상을 탐구하는, 이른바 정보물리학의 탄생이 시급하다 하겠다.

의식을 자연의 본질로 보게 될 때
정보물리학은 시작된다.

2차원 평면 세계에 높이를 도입하는 것처럼 3차원 입체 세계에 정보를 도입하면 고차원과 관련된 문제들이 술술 풀어지게 된다. 앞서 언급한 여러 가지 물리 현상들 외에도 열역학이나 블랙홀 문제에 있어서도 이해의 폭이 넓어지게 된다.

정보물리학의 대원칙은 앞서 언급한 「E=대차항수」이다. 간단히 말해 4차원 정보가 폐쇄되면서 3차원 물질세계가 만들어졌다는 얘기다. 따라서 우리 세계의 동력인 열은 폐쇄되는 방향으로 흐를 것이다. 열이 폐쇄된다는 것은 그 활동이 느려져 온도가 낮아진다[20]는 의미이다. 이런 이유로 온도는 높은 곳에서 낮은 곳으로 향하게 된다. 그리고 우주의 팽창과 더불어 모든 것이 식어 결국엔 열평형이 된다는 「열역학 제2법칙」[21]도 나오게 된다.

블랙홀

블랙홀도 같은 원리로 접근할 수 있다. 마치 돛단배가 바람 가는 쪽으로 흐르는 것처럼 3차원은 폐쇄되는 방향으로 일관되게 흐른다. 그러니 열을 잃게 되면서 점점 폐쇄되고, 나중에는 극한의 폐쇄성을 띠게 될 것이다.

3차원 세계를 폐쇄된 공간인 교도소에 빗대서 생각해 보자. 교도소와 멀리 떨어져 있는 시내市內는 4차원 세계이다. 그 시내의 일부에 우범지대가 있다. 여기에 사는 사람들은 언제 범행을 저질러 교도소로 잡혀갈지 알 수 없다. 그래서 잠재적 죄수들이 사는 곳인데, 여기가 바로 소립자들이 파동을 이루며

---

20) 온도가 낮은 쪽으로 향하는 이유에 대해서는 아직까지 확률적 가설만 있지 뚜렷한 정설은 없다.
21) 폐쇄성에 의해 [열역학 제2법칙]이 나오지만, 「E=대차항수」엔 폐쇄성에 역행하는 힘도 나온다. 따라서 [열역학 제2법칙]이 계속해서 유지되지는 않는다.

활보하는 미시세계이다. 이들 파동들 가운데 일부가 죄를 짓게 되면 질량이라는 쇠고랑을 차고 3차원 교도소로 끌려간다. 일단 교도소 앞마당에 쭉 늘어서게 되는데, 이것들이 우리에게 익숙한 입자이다. 잠재적 죄수인 파동들이 폐쇄되면서 질량이라는 쇠고랑을 차고 입자가 된 것이다.

교도소 앞마당에 있는 입자들은 저마다의 출신 성향에 맞게 패거리를 짓는데, 이렇게 되면서 질량이 커져 물질이 된다. 이때부터 3차원 티가 팍팍 나는 정식 죄수가 되고, 교도소 건물 안으로 들어올 자격도 주어진다.

건물 내부엔 안眼이耳비鼻설舌신身의 다섯 종류의 감시 카메라가 달려 있다. 일명 오감五感 CCTV인데, 이것을 이용해 죄수들을 관찰할 수 있다.

하지만 아직은 감방에 배정된 것은 아니다. 아무나 감방으로 갈 수 있는 건 아니다. 그건 물질들 가운데 덩어리가 크고 묵직한, 소위 말하는 두목들만 갈 수 있다. 기다리다 보면 그런 놈들이 하나둘씩 나타난다.

물질들 가운데 열을 잃고 짜부라 들어 부피에 비해 엄청난 무게를 자랑하는 것들이 보이는데, 바로 중성자별이다. 이것들은 즉각 공동으로 사용하는 감방에 갇히게 된다. 교도소 입장에서 보면 중성자별부터 죄수다운 죄수에 해당한다. 3차원의 폐쇄성을 제대로 보여주는 모범 케이스니 말이다.

그런데 중성자별보다 더 큰 폐쇄성을 보이는 놈들이 있다. 그래서 블랙리스트 첫 줄에 이름이 올라 있는데, 바로 블랙홀이다. 이것들의 폐쇄성은 너무 심해서 따로 떨어져 독방에 갇히게 된다. 그야말로 3차원 폐쇄성 가운데 최고를 자랑하는 간판스타들이다.

블랙홀은 3차원 우리 우주의 폐쇄
성을 증거함과 동시에 그 미래를
보여주고 있다.

3차원 폐쇄성의 대명사, 블랙홀…! 이놈은 '사건의 지평선'이라는 자신의 인
력권引力圈 내로 들어오는 모든 것을 집어삼킨다. 입자나 물질로 된 것들은
플라즈마(Plasma) 상태가 되면서 원래의 성질을 대부분 잃게 된다. 이에 비
해 파동들은 그 자체로 저항값이 적어 일부의 성질만 바뀌게 된다[22].

그렇다면 정보는 어떻게 될까?

놀랍게도 정보는 3차원적 대상이 아니기에 조금도 손상되지 않고 보전된
다. 사람이 로켓을 타고 블랙홀에 들어가면 로켓 본체와 사람의 몸뚱이는
심하게 부서지지만 정보로 된 의식만은 멀쩡해 블랙홀 내부를 순조롭게 관
찰할 수 있다. 다만 문제는 블랙홀에서 나올 때[23] 몸뚱이와 로켓은 이미 사라

---

22) [E=대차항수] 제5법칙인 「어떤 界에 포함되는 다른 界가 받는 대차항수는 감소한
다」에 따라, 블랙홀이 원래 가지고 있는 파괴력이 그 내부에서는 극히 줄어들게 된다.

23) 스티븐 호킹(Stephen Hawking) 박사는 블랙홀을 통과하면 평행선상에 있는 다른
우주와 연결된다고 주장했지만, 우리 우주 안에 있는 블랙홀들은 그와 같은 시공(時空)
의 점프를 하지 못한다. 3차원의 고립된 경계에 걸려 있기 때문이다. 우리 우주가 운명을
마칠 때 생기는 원초블랙홀이 특이점으로 복귀할 때, 비로소 고립계가 끝나며 다른 우주
와의 문호가 열리게 된다.

지고 없다는 것이다. 이것은 먼 훗날 양자의 상태중첩을 반입자와 결합한 기술로 극복하지 않을까 싶다.

 아무튼 교도소에서 죄수들의 배치가 이 정도로 끝나면 싱거울 것이다. 차원이란 적당한 수준에서 멈추는 법이 없다. 폐쇄되는 방향으로 한번 흐르면 그것의 궁극까지 치닫게 되며, 그렇기에 독방에 갇힌 블랙홀을 잠시도 가만 놔두지 않는다.

 시시때때로 저항값이란 이름의 간수들이 들어가서 몽둥이로 블랙홀을 휘갈긴다. 이 힘에 밀려 블랙홀은 독방의 귀퉁이에 달싹 붙어 웅크러든다. 그래도 간수들의 몽둥이찜질은 멈추질 않는다. 블랙홀은 최대한 짜부라 들다가 그 한계에 봉착한다.

 계속된 간수의 압박은 블랙홀로 하여금 탈출할 수밖에 없는 극한 상황으로 내몰게 한다. 하지만 블랙홀은 때를 기다리며 꾹 눌러 참는다.

블랙홀의 인내심은 질기고 강하다. 그들은 우주가 수축할 때까지 참는다. 빅뱅과 동시에 발생한 척력은 무한정 지속되는 게 아니다. 열평형의 원리에 따라 그것을 주도했던 암흑에너지는 힘을 잃고 반대로 암흑물질의 인력이 우위를 점하게 된다. 이때 우주는 수축 궤도로 돌아선다.

결국 은하들끼리의 충돌은 불가피하게 된다. 이때 블랙홀은 기다렸다는 듯이 다른 교도소의 블랙홀들과 힘을 합친다. 이런 식으로 몸집을 부풀려서 나중에는 온 우주를 몽땅 집어삼키게 된다. 우리 우주에 블랙홀 하나만 달랑 남게 된 상황으로, 이때의 블랙홀을 가리켜 원초元初블랙홀이라 한다.

이 정도 되면 3차원의 폐쇄성이 멈춰야 하는데 전혀 그럴 기미가 보이지 않는다. 교도소 건물은 여전히 멀쩡하고, 간수들은 이런 무시무시한 블랙홀을 향해 계속해서 몽둥이를 날린다. 더 큰 폐쇄성을 독려하는 것이다.

이제 블랙홀은 그 커다란 덩치에 걸맞지 않게 웅크려들기 시작한다. 그러다 결국 탁구공 정도의 크기로 줄고, 여기서 또다시 원자 크기를 향해 치닫기 시작한다. 그러면서 3차원의 한계점에 도달한다. 3차원의 폐쇄성, 다시 말해 간수의 몽둥이찜질을 더 이상 참을 수 없게 된 블랙홀은 특이점까지 응축한다. 반발하여 뻥 터지기 직전의 위태로운 상태이다.

이제 블랙홀은 운명을 결정해야 한다. 3차원 교도소의 폐쇄성에 반발하여 독방을 뛰쳐올지, 아니면 영화 [쇼생크 탈출]처럼 웜홀을 뚫어 4차원으로 탈출할 것인지를 정해야 한다. 전자라면 또 다른 빅뱅이 터지고, 후자라면 우리 3차원이 감쪽같이 증발할 것이다. 운명의 기로에 선 블랙홀은 과연 어떤 선택을 할 것인가‥?

빅뱅과 네 가지 힘

블랙홀은 사실 깃털에 불과하다. 그래서 이것만 가지고는 우리 우주의 탄생과 멸망을 예측하기 어렵다. 몸통은 블랙홀 내부에서 실질적으로 모든 문제를 결정하는 네 가지 힘이다. 바로 우리 우주를 지탱하고 있는 강한핵력, 약한핵력, 전자기력, 중력이 그것이다.

이 넷은 4차원에 있을 때까지는 소음, 태양, 소양, 태음으로 각각 불리다가 빅뱅이 터지면서 지금의 이름으로 바뀌게 된다. 이해의 편의를 위해 그냥 강력, 약력, 전력, 중력으로 줄여 부르겠다.

이 넷이 등장한 것은 빅뱅이 되기 전, 특이점부터이다. 당시 넷은 앞으로의 계획에 대해 치열하게 다투게 된다. 잠시 이들의 대화 내용을 엿들어 보자.

강력 : 폐쇄성이 너무 커져서 이제 우리는 4차원에서 살 수가 없다. 하루하루 견딜 수가 없으니 우리의 폐쇄성을 마음껏 펼칠 수 있는 3차원 시공으로 탈출하자. 그 길만이 우리가 살길이다.

약력 : 아, 이거 정말 큰일이군. 나는 어떡하든 4차원에 남고 싶은데 하루가 다르게 커지는 폐쇄성을 견디기 어려우니….

중력 : 4차원에서 폐쇄성을 뒤집어쓰고 사는 것보다는 3차원에서 우리만의 폐쇄 왕국을 건설하는 편이 좋을 듯싶네.

전력 : 이러면 어떻고 저러면 어떠하리…. 4차원이 됐든 3차원이 됐든 주어진 환경에서 균형과 조화를 이루며 창조의 꽃을 피우면 족하지 않겠는가.

회의 결과는 나왔다. 강력과 중력은 3차원으로의 탈출을 적극 찬성하였고, 우유부단한 약력은 소극적 반대표를 던졌다. 그리고 전력은 자신의 창조성을 피력하며 기권 표를 던졌다. 이렇게 되자 이들 넷이 떠받치고 있는 특이점은 곧바로 빅뱅을 터뜨렸다.

강력 : 역시 3차원 세상은 우리의 폐쇄성과 여러모로 잘 맞는 것 같네. 다시는 4차원으로 복귀하지 못하게 폐쇄성을 더욱 단단하게 조일 필요가 있어. 내가 힘을 써서 입자를 만들 테니 그 이후 덩치를 불려 물질을 만드는 것은 중력 자네가 맡아서 하게.

중력 : 아무렴. 커다란 놈들은 내가 책임지고 맡을 테니 작달막한 것들은 자네가 처리하게. 그건 그렇고 3차원 제국을 안정시키려면 결국엔 열평형이 되어야 하지 않겠나. 열평형이 되지 않으면 언제 또다시 4차원으로 복귀하지 말라는 법이 없지. 그러니 팽창 속도를 한껏 높여야겠어.

강력 : 그거야 우리 소관이 아니지 않은가. 빅뱅 시에 이미 팽창에 가속이 붙었으니 우리는 맡은 바의 일만 하면 될 것이야.

강력과 중력의 말을 옆에서 잠자코 엿듣고 있던 약력은 기겁하지 않을 수 없었다. 약력은 불가피하게 고향인 4차원을 떠나 이곳 3차원에 왔지만 언제든 저항값을 낮춰 4차원으로 돌아갈 꿈을 접지 않았다. 그런데 지금 강력과 중력은 이곳 3차원에서 영원히 눌러앉으려 하고 있지 않은가!

약력 : 자네들, 지금 무슨 소리 하고 있는가. 4차원 모국에서 완전히 독립하겠다는 소리 아닌가?

강력 : 두말하면 잔소리. 우리가 지닌 폐쇄성 때문에 4차원에서는 범죄자 취급을 받지 않는가. 하지만 이곳 3차원은 오히려 우리의 폐쇄성이 세상을 떠받치는 대들보가 되었네. 우리의 가치를 가장 잘 알아주는 이곳 세상에 뿌리를 내리려는 생각이 뭐가 잘못되었나?

약력 : 어떻게 고향을 버릴 생각을 하는자… 나는 향수병 때문에 도저히 이곳 3차원에서 지낼 수 없네. 무조건 부수고 쪼개서 저항값을 낮출 것이네. 그래서 어떡하든 4차원으로 돌아갈 것이네. 자네들 뜻대로는 되지 않을 것이야. 이보게 전력, 자네는 내 생각에 동의하는가?

전력 : 장소가 뭐가 그렇게 중요하다고 서로들 다투는가? 뛰어난 목수는 재료 탓을 하지 않는 법. 4차원이 됐든 3차원이 됐든 변화를 일으켜 창조를 이루는 데에 심혈을 기울여야 할 것이네.

빅뱅 후에도 이들 네 힘의 성향은 여전했다. 결국 강력과 중력의 동맹이 힘을 발휘했고 우주는 초팽창과 열평형을 향해 돌진하게 됐다. 우주의 모든 힘들이 가라앉아 무질서하게 되는 그 날까지….

하지만 약력의 반발은 생각 외로 거셌다. 그는 모든 질서를 붕괴시키면서 에너지를 만들었다. 이런 변화에 전력이 개입하여 뭔가를 만들어내려고 갖은

애를 쓰게 되니, 우주는 변화와 창조라는 꽃이 활짝 피게 되었다. 그리고 마침내 온갖 별들에 이어 열평형에 역행하는 존재, 생명도 탄생하였다.

생명은 유일하게 강력과 중력보다 약력과 전력이 힘을 쓰는 곳이다. 그래서 분열, 반발, 변화, 균형, 조화…등의 개념이 발달하고, 이런 것이 제대로 갖춰지게 될 때부터 이성理性이란 뛰어난 사고 체계도 만들어졌다. 꽤 오랜 시간이 흘러 인간이라는 변수가 나타난 것이다.

인간은 네 가지 힘 가운데 약력과 전력을 주력으로 쓰고 있다. 하지만 강력과 중력의 힘도 무시못한다. 이들은 인간으로 하여금 폐쇄된 정보를 입자나 물질로 착각하게 만든다. 그래서 인간은 입자나 물질을 배제하고는 그 어떤 것도 인식할 수 없는 의식 구조가 돼 버렸다. 질량이라는 가상의 도구가 생길 수밖에 없는 필연적인 이유이다.

무릇 깨달음이란 무엇을 막론하고 입자의
불을 끄는 데에서부터 시작한다.

힘(力)에 질량이라는 숫자가 붙으면서 마치 어떤
실체가 구체적으로 있는 것처럼 보이게 되었다.

질량이란 쉽게 말해 물리량이다. 수학의 1,2,3,4…와 같은 일종의 관념이다.
정보들의 폐쇄성에 수치를 매겨서 질량으로 환산하고, 이로써 우리는 뭔가
구체적인 실체로 인식하게 된다. 정보를 질량으로써 입자화 내지 물질화하
는 것은 뉴턴의 F=ma와 아인슈타인의 $E=mc^2$이 나오면서 더욱 정밀하고
보편화되었다.

누차 말하지만 입자나 물질 같은 것은 질량으로 꾸며진 추상적 개념이다.
정보를 이해할 수 없어 불가피하게 택한 것이며, 여기서 모든 3차원의 족쇄가
채워지게 된다.

강력 : 재네들 지금 뭐하는 거야? 생명을 만든다고 열평형에 일모의 제동이라도 걸릴 줄 아나? 하하하.

중력 : 그러게 말일세. 그냥 3차원에 순응하지 않고 뭐하는 짓들인지. 쯧쯧.

강력과 중력은 약력과 전력이 하는 일을 비웃었다. 대세에 지장이 없는 한가한 소일거리 정도로 생각한 것이다. 어차피 잠시 후에 우주가 열평형에 도달하면 모조리 없어질 물거품들이 아니겠는가.

하지만 화무십일홍花無十日紅이라고 무조건 유지되는 권력은 없다. 강력과 중력의 든든한 지원자인 우주의 팽창 속도에 브레이크가 걸리기 시작한 것이다. 그것은 다름아닌 중력때문이었다.

강력 : 이봐 중력, 자네 지금 뭐하는 건가? 자네가 너무 힘을 쓰니까 팽창 속도가 줄어들잖아. 이렇게 가다간 자네 힘에 끌려 도리어 수축하게 생겼어. 어떻게 힘을 좀 빼 봐.

중력 : 그게 무슨 소리인가? 나보고 힘을 빼라는 얘기는 중력인 나의 존재 자체를 부정하라는 것과 같지 않은가? 나는 무조건 당겨서 폐쇄성을 키워야 하고, 그것이 내가 존재하는 유일한 의미일세. 난 이런 방식으로 삼라만상 모든 것을 폐쇄화시킬 것일세.

강력 : 그걸 내가 왜 모르겠는가. 그래서 지금껏 내가 자네의 일을 도와주지 않았는가. 하지만 지금 그것 때문에 팽창에 문제가 생겼네. 다시 수축하게 되면 열평형이라는 우리의 청사진이 위태로워질 것일세.

중력 : 나도 알고 있지만 내 맘대로 조절이 안되니 어떡하나. 우리 네 친구 모두가 정해진 대로만 움직이는 무대포들이 아니던가. 에휴~.

드디어 문제가 발생했다. 3차원을 지탱하는 양대 폐쇄성에서 한쪽이 꺾였다. 팽창이 수축으로 돌아서고 우주는 중력에 의한 폐쇄 쪽으로 선회하였다.

이때 중력의 선봉장들이 나서게 되니 바로 블랙홀들이다. 은하의 중심에서 때를 노리던 그들은 닥치는 대로 별들을 먹어치우면서 덩치를 키우고 결국엔 자신들끼리 합체하여 원초블랙홀이 된다. 온 우주에 이놈 하나만 남게 된 것이다. 중력이 결국 통일을 했지만 오히려 가장 만족스러워하는 쪽은 약력이었다.

3차원 우리 세계를 다룰 때는 힘(力)을 질량으로 대치해서 입자화하는 것이 여러모로 유리하다. 하지만 4차원과의 경계나 그 이상을 다룰 때는 정보를 척도로 삼아야 해법이 생기게 된다.

약력 : 좋았어. 이 정도의 힘이라면 모든 폐쇄성을 단번에 날리고 4차원으로 돌아갈 수 있겠어. 음, 강력과 중력이 부피를 최대한 줄이는 시점, 특이점이 되었을 때 결정을 내려야겠어. 그런데 어느 쪽으로 웜홀을 뚫어야 하는지….

전력 : 이보게 약력. 내가 보기에 그게 단순하지가 않네. 잘못 터뜨리다가 다시 3차원에 갇히는 수가 있어. 지난 번에 우리가 4차원에서 탈출할 때와 똑같은 일이 반복될 수 있다는 말일세.

약력 : 아, 그리고 보니 이거 보통 문제가 아니네. 내가 터뜨릴 수는 있지만 힘이 너무 커서 방향이 제어되지가 않아.

우리 우주의 명운이 달렸다. 약력의 뜻대로 4차원으로 복귀할 수 있을지, 아니면 빅뱅이 재발하여 또 다른 3차원 우주에서 시간을 보내게 될지, 확률의 게임은 외줄을 타듯 위태롭게 펼쳐질 것이다.

지금까지 힘을 「E=대차항수」에 입각해서 최대한 쉽게 풀어 보았다. 물질을 정보로 대치한 단순한 명제지만, 관점을 4차원으로 한 단계 끌어올리다 보니 독자들의 이해에 적색등이 켜질 수도 있겠다. 그렇더라도 본서에 나오는 고차원 명제들을 화두로 삼아 곱씹다 보면 틀림없이 '나'와 '우주'를 바라보는 시각에 근본적인 변화가 있을 것이다.

「E=대차항수」의 5대 원리		
제1법칙: 3차원은 4차원에 대한 저항값에서 비롯된다.	– [창조의 법칙] –
제2법칙: 에너지(질량·속도)에 비례하여 대차항수는 가감加減된다.	– [존재의 법칙] –
제3법칙: 대차항수끼리는 빼지지 않고 더해지며, 큰 쪽을 따라간다.	– [질서의 법칙] –
제4법칙: 모든 운동은 대차항수에서 벗어나는 쪽으로 향한다.	– [변화의 법칙] –
제5법칙: 어떤 界에 포함되는 다른 界가 받는 대차항수는 감소한다.	– [생명의 법칙] –

5 ## 생명이란 무엇인가?

무생물과 생물을 구분하는 잣대는 의식의 有·無이다. 의식으로 인해 무생물과 구분되는 생명 현상이 신비롭게 전개된다. 하지만 과학계에서의 의식은 여전히 부정적 존재로 남아 있다. 실험과 검증으로만 답을 내려야 하기에 어쩔 수 없는 선택이다.

그런 과학계에 일대 변화가 일고 있다. 그것은 현대물리학이 발전하면서 일부에서나마 의식을 물리 현상의 하나로 이해하기 시작한 것이다. 고전물리학에서 의식을 철저히 배제한 것에 비하면 놀랄만한 일이 아닐 수 없다.

앞서 삼라만상 모든 것이 정보로 이루어져 있다고 하였다. 정보는 有도 아니고 無도 아닌 제3의 존재 형태라는 점도 알아봤다. 사실 우리가 굳게 믿고 있는 有나 無는 애초부터 존재하지 않았고 앞으로도 영원히 존재할 수 없는 허구이다.

이렇게 만물을 정보로 보게 되면 물질과 생명의 간격이 매우 좁혀진다. 같은 정보로 되어 있기 때문이다. 돌멩이와 강아지를 비교하면, 폐쇄성이 높아 정보 활동이 위축되어 있는 것이 돌멩이, 폐쇄성이 상대적으로 낮아 정보 활동이 활발히 이루어지고 있는 것이 강아지가 된다.

돌멩이를 다시 한 번 관찰해 보자. 다른 정보는 결코 받아들이지 않으려는 엄청난 고집이 느껴지지 않는가!

무생물이라 불리는 것들 대부분이 고집불통이다. 자신이 지닌 정보대로만 움직이려 한다. 돌과 나무를 상자에 담아 흔든다고 해서 그 둘의 정보가 섞이는 일은 없다. 이에 반해 강아지와 고양이를 한 방에 두고 지내게 하면 그들의 습성에 약간의 변화가 올 것이다. 사실 식물 역시 주변 환경에 영향을 받아 호불호好不好로 반응하는 것이 관측되고 있다.

기계론적 우주관에서는 물질과 생명을 갈랐다. 하지만 양자역학에서는 물질과 생명은 별개의 존재가 아니다. 물리 현상에 의식이 개입되는 현상을 실험으로 관측하기란 어렵지 않다. 그래서 양자역학자들은 의식 역시 자연의 일부라고 말한다.

그렇다면 의식은 도대체 어디에 있는가?

　의식의 위치와 운동량을 찾게 되면 간단히 해결될 일이다. 하지만 물질의 최소 단위인 양자들도 그 위치와 운동량을 동시에 찾을 수 없어 확률적으로 계산하는 마당에, 그것보다 작고 애매모호한 의식의 정체를 밝히는 일이란 결코 쉽지 않다.
　일단 의식이 있을 확률이 가장 높은 뇌(brain)부터 살펴보자. 주름이 잡힌 뇌를 펼치면 신문지 반 장 정도의 작은 면적에 지나지 않지만, 뇌의 극히 일부분이라도 손상되면 생명을 잃든지 아니면 의식에 변화가 오면서 인생이 송두리째 바뀌게 된다.

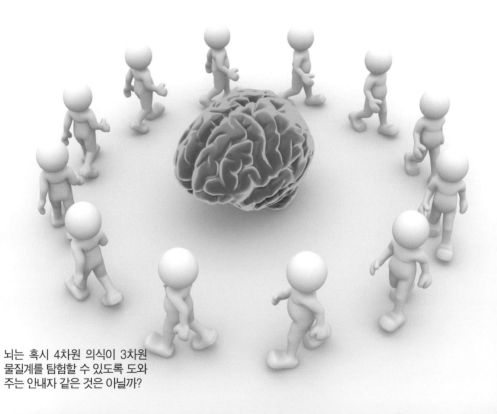

뇌는 혹시 4차원 의식이 3차원 물질계를 탐험할 수 있도록 도와주는 안내자 같은 것은 아닐까?

뇌는 엄마의 자궁 속에서 잉태되는 순간부터 자라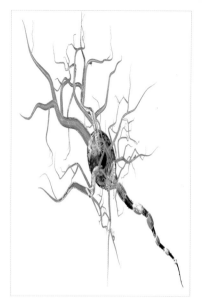
나게 되는데, 단순히 뉴런(neuron/신경세포)의 수만
증가하는 것이 아니다. 시냅스(synapse)라는 미세
한 가지가 촘촘히 뻗으며 네트워크를 이루고, 여기
서 온갖 신호를 처리하며 지능이란 것이 싹트게 된
다. 그래서 뇌를 연구하는 과학자들은 인간의 영혼
을 천억 개의 뉴런과 천조 개의 시냅스의 연결망에서
찾기도 한다.

우리는 시시각각 떠오르는 생각을 이용해서 나름 주체적으로 사유하며 판
단한다고 여기지만, 사실은 뇌가 만들어내는 일련의 정보 활동에 불과하다
는 것이다.

그렇다면 과연 우리의 의식은 존재하지 않는 것인가?

뇌과학자들의 물질론적 주장에 반대하려 해도 속속들이 보고되는 뇌에 관
한 연구들은 의식의 존재를 부정하는 쪽으로 일관되게 흐르고 있다. '나'라
고 철석같이 믿고 있던 존재가 사실은 뇌에서 만들어지는 정보의 환영에 불
과하다고 한다면 여간 실망스런 일이 아닐 수 없다.

인간의 뇌를 살펴보면 크게 세 부분으로 나뉘는데, 쉽게 3층짜리 주택을 떠
올리면 된다. 1층은 뇌줄기(뇌간)와 소뇌로 구성된, 흔히 '파충류의 뇌'라고
알려진 곳이다. 호흡이나 심장 박동, 혈류와 같은 생명 유지에 꼭 필요한 기
능을 주로 맡고 있다. 만일 우리의 뇌가 1층에서 멈췄다면 지금쯤 악어나 뱀
처럼 음침하게 살아가고 있을 것이다.

그런데 다행히 1층 위에 중뇌라는 2층이 올려져 있다. 이곳은 파충류에서
는 찾아볼 수 없는 감정이란 것으로 가득 채워져 있다. 화를 내며 으르렁거
리는 것은 기본이고, 웃거나 울 줄 아는 감정도 생산해 내는 신비로운 곳이
다. 그뿐만 아니라 애정 표현도 다각도로 할 수 있게 함으로써 파충류와 구
별되는 포유류만의 특성을 잘 표현해 주고 있다. 그래서 2층의 중뇌는 '포유
류의 뇌', 혹은 '감정의 뇌'라고 부른다.

우리의 뇌가 2층에서 멈췄다면 어땠을까? 아마 십중팔구는 털북숭이 원숭
이가 되어 나무 위를 펄펄 뛰어다니고 있을 것이다.

뇌의 구조가 의식의 차등을 불러왔다면, 어찌
보면 숱한 교육보다 유전자를 조작하여 뇌를
향상시키는 편이 인류의 의식을 성장시키는 가
장 빠른 방법이 될 것이다. 과연 그럴까?

인간은 무슨 이유에서인지 2층짜리 주택에서 멈추지 않았다. 끊임없이 3층을 올리기 위해 진화했고 결국 대뇌 피질을 확장하여 전뇌(前腦/forebrain)를 만들어 냈다. 비로소 복잡한 사고와 창조 기능을 담당하는 고도의 두뇌를 갖추게 된 것이다. 그래서 전뇌를 가리켜 '이성의 뇌', 또는 '인간의 뇌'라고 한다.

이렇게 3층 주택에서 만들어내는 사고思考란 것은 신비롭고 오묘하기 짝이 없다. 사실 컴퓨터 수십만 대를 모아 한꺼번에 가동한들 그 정교함에 있어서는 인간의 의식을 따라오지 못한다. 이런 것을 보면 인간에게는 의식이라는 고차원적 존재가 뇌 속에 따로 존재하는 것처럼 보인다.

뇌가 의식을 생산하는 것보다 더 효율적인 것은 우주에 존재하지 않을 것이다.

하지만 앞서 말했듯이 현대의 뇌과학은 인정사정없이 의식의 존재를 도륙 내고 있다. 인간의 세세한 감성과 생각의 흐름마저 과학적으로 풀어냄으로써 우리의 의식을 물질 현상에서 파생된 것으로 전락케 한다.

최근 들어 대뇌 피질 중 전두엽의 앞부분에 위치한 전전두엽(prefrontal cortex)[24]이 주목을 끌고 있다. 어떤 일을 계획하고 결정하는 의식의 기능을 수행한다고 알려졌기 때문이다.

이곳에는 사람의 감정을 제어하는 세로토닌(serotonin)[25]계가 있는데, 여기에 장애가 발생하면 폭력적 성향이 두드러지게 된다. 반사회적 인격장애인 사이코패스의 대부분이 이곳의 질환에서 발생한다고 하니, 이런 것을 보면 마치 인간의 의식이 뇌에 전적으로 의존하는 것처럼 보인다.

뇌와 인식의 관련성에 대한 자료는 하루가 다르게 쏟아져 나오고, 이에 반비례하여 의식이 설 자리는 점점 좁아지고 있다. 이대로 쭉 가다가는 유전자를 조작하듯 뇌를 조작하여 원하는 인간상을 만들어내는 시절이 올 지도 모른다. 가령, 수술대 위에서 뉴턴이나 아인슈타인 같은 천재를 비롯해 고흐나 피카소처럼 뛰어난 예술가도 만들어낼 것이다. 그뿐만 아니라 두려움 없이 적진에 뛰어들 전쟁 영웅도 만들고, 나아가 예수처럼 온 인류를 무한히 사랑하는 성인도 만들어낼 것이다.

---

24) 전두엽의 앞면에 위치한 곳으로, 이성적이고 논리적인 사고를 담당하는 부위로 알려져 있다.
25) 뇌의 시상하부 중추에 존재하는 신경전달물질 가운데 하나로 사람의 기분이나 사고에 영향을 준다고 알려져 있다.

돌이켜 보면, 십자가에 못 박히던 예수는 참으로 인간적이었다. 처참한 앞날을 예견한 예수는 산상山上 기도를 통해 그 길만은 끝까지 피하려 했다. 허나 끝내 십자가에 못 박히게 되자, 「주여, 왜 저를 버리시나이까!」라고 외치면서 자신을 버린 신을 원망하기까지 했다. 그만큼 육신에 가해지는 고통과 두려움이 컸던 탓이리라.

드물지만 고승들 역시 소신燒身 공양하여 등신불等身佛이 되려는 경우가 있는데, 이는 대단한 용기가 없이는 생각조차 할 수 없는 일이다. 산 채로 불태워지는 고통을 그 무엇에 비할 수 있겠는가.

그런데 뇌에서 특정 부위의 활동을 정지시키거나, 모르핀보다 백 배나 강한 엔도르핀(endorphin)을 촉진하게 하면 간단히 이런 문제를 해결할 수 있다. 뇌 속에서 고통의 신호가 원천적으로 차단됨으로써 등신불이 되어 육체가 타들어 가도 거룩한 미소를 잃지 않을 것이고, 십자가에 못 박히더라도 환희에 잠긴 표정을 계속해서 유지할 수 있게 될 것이다.

뇌를 조작하고 호르몬을 투여하여 만들어진 성인은 과연 어떤 모습일까?

뇌과학이 더욱 발달하면 우주의식이라 불리는 해탈심까지 넘보게 될지도 모른다. 뇌를 조작하여, 형이상形而上에 머무르던 도통의 경지를 현실로 끌어내리는 것이다. 이렇게 되면 지금처럼 어렵게 道를 닦지 않고도 간단히 성불成佛에 이르러, 모든 사람들이 부처가 되는 세상이 도래할 것이다.

유전자를 조작하여 무병장수하고 뇌를 조작하여 성인聖人이 되는 세상, 그런 세상이 정말로 실현 가능할까?

그런데 의식이 실제로 존재하지 않는다면, 육신의 뇌腦를 조작하여 얻어지는 결과물은 그야말로 아침 햇살에 반짝 빛나다 사라지는 초로草露에 지나지 않게 된다. 의식이란 물질이 만들어낸 일종의 신기루 같은 현상에 불과하게 됨으로써 자아의 정체성 문제와 함께 인간성 상실의 위기는 더욱 수렁에 빠져들 것이다.

하지만 그렇게 되더라도 없는 사실을 억지로 꾸며 의식의 존재를 무턱대고 인정할 수는 없는 노릇이다. 인간의 정체성이나 상실감보다 더 중요한 것은 자연 법칙에 대한 올바른 진실이기 때문이다.

마음이 지극히 평화로운 것과 참 이치를 제대로 아는 것 중에 어 것이 보다 가치 있을까?

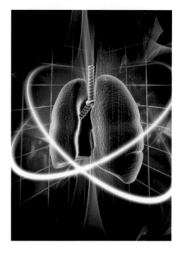

의식은 물질과 별개로 존재할 수 있는가?

심장이 멈추면 뇌파가 사라지면서 뇌 기능은 정지한다. 이것이 의학적 죽음이다. 이 상태에서 뇌는 어떤 이미지도 그려낼 수 없고, 따라서 운 좋게 깨어나더라도 기억을 할 수 없다.

그런데 1970년대 이후 의학적 죽음에 해당하는 뇌사 상태에서 임사臨死체험을 했다는 사람들의 보고가 속속들이 알려지고 있다. 이것이 사실이라면 우리의 뇌와 마음은 별개가 되고, 그만큼 의식의 존재는 독립적인 입지를 갖게 될 것이다.

물론 이 점에 대해 회의적인 목소리도 많다. 임사 상태 때에 정보가 뇌의 외곽에 남아 있다가 어느 순간 기억 회로에 고정된다는 주장도 있고, 알 수 없는 뇌의 기능이 어딘가에 숨어 있을 것이라는 신중한 견해도 있다.

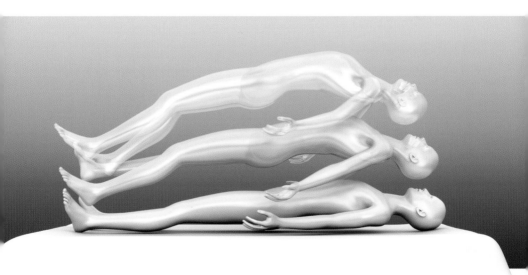

눈 깜짝할 사이에 우리의 눈앞에 닥쳐올 죽음…, 피할 수 없다면
그것을 즐기는 편이 낫지 않을까?

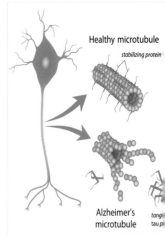

Healthy microtubule

stabilizing protein

Alzheimer's microtubule

tang tau p

양자역학적으로 보다 정교하게 풀어낸 의견도 있다. 신경세포인 뉴런들 속에는 미세소관이라고 하는 원통 모양의 구조물이 있는데, 이것은 세포들 사이에 일어나는 정보들을 처리한다고 알려져 있다. 미세소관은 양자컴퓨터처럼 정보들을 다루는데, 이때 의식이 양자의 흐름을 따라 형성된다고 한다.

그래서 뇌사 판정을 받은 뒤에도 양자얽힘(quantum entanglement)의 원리에 따라 일정 기간 공간에 존재하게 되고, 여기서 사후의 세계로 착각을 불러일으키게 됐다는 얘기이다.

하지만 시각장애인들이 뇌사 상태에서 겪게 된 보고서들이 알려지면서 이런 양자론적 해석에도 빈틈이 보이게 됐다. 선천적 시각장애인은 빛에 대한 경험이 없기에 꿈속에서조차 암흑으로 지낸다. 그런 그들이 심장이 멈추면서 유체이탈이 되어 정상인들처럼 보고 듣게 되었다는 얘기는 현재의 과학으로는 설명할 수 없다. 게다가 그들이 유체이탈 상태에서 목격한 현상들이 실제였다는 사실까지 밝혀지면서 의식에 대한 문제는 과학적 탐구의 대상으로 조심스럽게 부상하게 되었다.

우리의 뇌는 잘 고안된 고성능 컴퓨터이다. 양자컴퓨터보다 한층 더 발전한 정보컴퓨터이다. 양자의 세계를 계속해서 쪼개 들어가면 원초적 정보 코드가 나오는데, 바로 이것을 활용한 것이 우리의 뇌이다.

그런데 정보컴퓨터만 달랑 한 대 있어서는 그 기능을 충족하는 데에 부족하다. 고성능 뇌를 다룰 수 있는 주체가 있어야 하며, 그것이 바로 우리의 의식이다. 뇌 속에 의식이 깃들지 않거나 수준 낮은 의식이 자리하면 정보컴퓨터는 제 기능을 할 수 없고, 결과적으로 사고 처리 능력이 떨어지게 된다.

의식이란 단적으로 말해, 차원을 넘나들며 정보의 이합집산에 관여하는 모종의 정보 덩어리이다. 이것을 해괴하게 여길 필요는 없다. 생명의 코드인 DNA가 성교를 통해 후대로 이어져 내려가듯, 생명체에 깃든 의식 또한 물질과의 결합을 통해 차원을 넘나들며 존속하게 된다.

되돌아보면 과학적 진실이라 믿던 사실은 계속해서 변해 왔다. 오늘 진리라고 믿던 사실이 내일 오류로 밝혀지고, 생각지도 못했던 것이 진리로 떠오르며 역사를 이끌어 왔다.

이렇듯 의식에 대한 부정적 의견은 향후 신경과학이 급속도로 발전하면서 뒤바뀔 것이다. 뇌의 메커니즘이 보다 면밀히 밝혀지면 뇌 속에 자리한 의식을 찾아내고, 인류는 지금까지 없었던 새로운 과학 문명을 접하게 될 것이다.

4차원의 의식을 다루는 과학, 그것은 뉴턴이나 아인슈타인이 세상을 바꾼 것보다 훨씬 더 큰 충격과 변화를 몰고 올 것이다. 의식, 그것이 현실로 드러나 과학적 탐구의 대상이 될 때, 인류는 고차원 세계에 눈 뜨고 아울러 삼라만상 모든 것을 정보로써 다루게 될 것이다.

원자(atom)에 대한 얘기가 처음 나왔을 때 사람들은 그것을 매우 우스꽝스럽게 생각했다. 하지만 일정한 세월이 흐르면서 정설로 받아들여졌듯, 생명에 깃든 의식 역시 그렇게 되지 않을까?

생명 제국의 통치자

수십억 년을 거슬러 올라가 최초의 생명이 탄생하는 순간으로 가 보자.

바로 이때부터 4차원과의 연결망은 시작됐다. 백지 상태의 의식이 원시생명에 결합하면서 기존에 없던 물질 현상이 생겨났다. 어떤 의식이 특수한 조건의 물질에 결합하면서 비롯한 것, 이것이 생명生命이다. 그렇기에 생명이면 가릴 것 없이 모두 의식을 머금고 있다.

의식은 4차원과의 통로이며, 이런 고차원 창구를 구비하고 있는 물질이 곧 생명이다. 숨을 쉬지 않고는 살 수 없듯, 생명은 의식을 통해 4차원의 氣를 끌어와 보이지 않는 얼숨(氣息/胎息)을 쉬며 살아간다.

나는 누구인가? 물질인가? 의식인가?
생각을 멈추면 과연 그 답이 보일까?

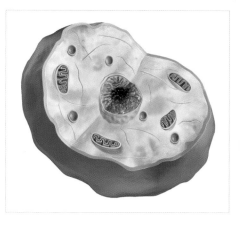

그런데 인간의 몸을 자세히 들여다보면 놀랍게도 한두 개의 생명으로 이루어진 게 아니다. 세포라기보다는 독립적 생명체에 가까운 미토콘드리아의 수만 해도 무려 60조 개에 이르며, 이보다 훨씬 많은 수백 조 개의 세균들이 체내 곳곳에 머무르고 있다.

따라서 이런 무수한 생명체들과 함께 살아가는 공동의 장으로서 우리의 몸을 바라봐야 한다.

그런데 인구가 너무 많다 보니 전체 생명체의 하모니가 필요하다. 서로들 제 목소리만 내다 보면 질서가 깨지고 결국 우리 몸은 오래 살지 못하고 요절하고 말 것이다.

그래서 모든 생명체들을 진두지휘할 대표가 필요해지게 된다. 다시 말해 거대한 생명 제국을 통치할 지도자를 요망하게 되는데, 그 지도자가 바로 '자아'라고 하는 우리의 의식이다.

무수한 생명체들이 모여 만드는 제국, 그것이 엄마의 뱃속에서 잉태되는 순간에 통치자는 낙점받게 된다. 주변을 떠돌던 의식이 어떤 초자연적 힘에 이끌려 수정란과 합체되는 것이다.

만일 지도자가 적시에 찾아오지 않는다면 불임이 되고 말 것이다. 운 좋게 임신이 되더라도 동물 의식이나 원시 의식이 들어오게 되면 지도자로서의 구실을 못하게 된다. 지적 장애인으로 일생을 살아야 하고 그만큼 제국의 꿈은 허망하게 퇴색될 것이다.

어찌 됐든 우리는 4차원에서 이곳 3차원으로 넘어와 생명 제국의 지도자가 됐다. 차원을 바꾸면서까지 3차원으로 오게 된 데에는 그만한 이유가 있다.

먼저 제국의 지도자들은, 4차원에서 얼마 남지 않은 수명을 연장하는 혜택을 입는다. 3차원 물질의 폐쇄성이 흩어지는 정보들을 단단히 조여 줌으로써 의식의 수명이 연장되는 것이다. 또한 3차원에서 험난한 세월을 보내면서 새로운 정보를 쌓고 마음을 수양할 수 있는 천금 같은 기회도 얻게 된다.

생명 제국(몸)의 입장에서는, 4차원으로부터 지도자를 모셔옴으로써 자신들이 세운 왕국이 질서를 잡아 오래도록 수명이 유지되는 혜택을 얻는다. 또한 제국의 지도자를 통해 자신들이 추구하는 공동의 가치를 창조하게 하여 대리만족을 얻는 효과도 있다. 이런 상호 간의 혜택들이 지도자와 제국 간에 맺어지는 불가침의 조약이다.

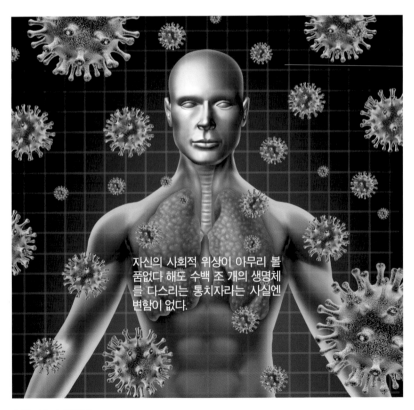

자신의 사회적 위상이 아무리 볼 품없다 해도 수백 조 개의 생명체를 다스리는 통치자라는 사실엔 변함이 없다.

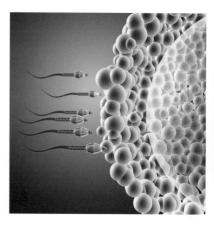

제국의 통치자가 거하는 보좌는 단연코 뇌이다. 우리가 잉태되는 순간 뇌에 찰싹 달라붙게 되고, 이때부터 우리의 의식은 뇌의 신경세포와 뒤엉켜 한 몸이 된다.

그와 동시에 의식은 새로운 차원에서의 창조를 위해 4차원에 있을 적의 모든 정보[기억]를 포맷(format)하게 된다. 이것은 창조를 위한 비움인데, 정확히 말하면 차원이 역전되면서 벌어지는 자연적인 망각 현상이다. 어쨌든 우리의 의식은 4차원의 정보를 싹 비우면서 제국과 한 덩어리가 된다.

이렇게 비워진 자리는 부모로부터 물려받는 유전적 정보들로 채워진다. 그래서 제국 통치자의 인성은, 4차원에서 가지고 온 의식의 성향에 부모의 유전적 특징이 더해져서 이루어지게 된다.

통치자는 제국의 보좌에 일단 앉으면 죽기 전에는 이곳을 벗어날 수 없다. 뉴런과 시냅스에 뒤엉킴으로써 빠져나갈 방법이 없게 된다. 뇌세포들이 죽어 사망 선고가 나야만 비로소 굳게 닫힌 물질의 자물쇠가 열린다.

이 정도로 3차원 제국에 꽁꽁 묶이다 보니 태어나서 불과 몇 해를 넘기지 못하고 4차원에 대한 감각을 대부분 잃게 된다. 백회百會나 단전丹田을 비롯한 여러 중요 기혈氣穴이 차단되는 것이다.

그러면서 3차원 물질에 대한 집착은 점점 깊어만 간다. 생명 제국의 통치에 너무 깊게 관여하다 보니, 다시 말해 백성들의 반응에 좌지우지되면서 사유와 결정을 내리다 보니 통치자 자신의 정체성 문제까지 발생하게 된다.

가령, 공놀이를 하다가 넘어져서 무릎이 까지면 백성들의 고통이 마치 자신의 고통마냥 아프게 다가온다. 간혹 백성들이 먹을 것이 없어 굶주리기라도 하면 통치자는 성난 늑대처럼 남의 것을 탐하는 마음이 마구 일어난다.

성장하면서는 성욕을 담당하는 생식기 파트의 백성들이 수시로 아우성치게 되는데, 이때마다 통치자는 심하게 흥분하며 동물적 본능을 가감 없이 표출한다. 가끔씩 백성들의 요구가 도를 넘게 되면 통치자 또한 이성적 판단을 잃고 이런 저런 사회적 물의를 일으키기도 한다.

제국의 백성들은 욕심이 많다. 단순한 소유욕을 넘어 다른 제국을 지배하기를 바란다. 이런 백성들의 심리는 과시욕이나 거만스런 표정으로 나타나고, 심할 때는 서슴없이 폭력으로 표출되기도 한다.

공부를 열심히 하는 심리에도 다른 제국에 대한 지배욕이 은근슬쩍 깔린다. 일을 열심히 하여 돈을 많이 벌려는 데에도 이런 지배 심리는 어김없이 작동한다.

적자생존의 법칙을 과연 어디
까지 적용해야 할까?

지배욕이 커질수록 양심은 줄어든다. 그래서
권력의 세계에는 대체로 양심을 보기 어렵다.

　타인에 대한 지배욕을 도학道學에서는 원종原種이라 하는데, 재수 좋게 항룡
亢龍의 기회를 얻게 되면 히틀러처럼 군중을 선동하여 세상의 모든 제국들을
정복하려고 광분하기도 한다. 그것이 여의치 않으면 이념이나 사상, 교리 따
위로 다른 제국들을 홀려 발아래 묶어 놓으려고도 한다. 서로가 지닌 온갖
방법으로 주변 사람들을 제어·통제하려 하면서 갈등과 대립이 싹트고, 여기
서 상극相剋의 문화가 생겨났다.

　이곳 3차원에 온 이유는 수명 연장과 정보 습득이라는 단 두 가지 목적에
의함이다. 그런데 이렇게 생명 제국과 한 몸이 되다 보니 제국 백성들의 목소
리에 휘둘리게 된다.

　이런 점을 지적하며 정신 차리라는 가르침이 소위 말하는 인성 교육이다. 그
것의 핵심은 역지사지易地思之에서 오는 상생相生이다. 상생에 대한 다각도의
표현들이 어렸을 적부터 귀에 못이 박이도록 듣는 바른 생활에 대한 온갖 지
침들이다.

하지만 제국 백성들의 요구는 여간해선 줄어들지 않는다. 이것을 우리는 본능이라 부르는데, 죽기 전에는 완전히 떨구어낼 수 없다고 알아 왔다.

그런데 요즘 뇌과학이 발달하면서 상황이 많이 달라졌다. 제국의 백성들로부터 자유로워지는 길이 조금씩 열리고 있는 것이다.

지난 20여 년간 급속도로 발달한 뇌과학은 마음의 영역까지 읽어내고 있다. 외부의 자극에 의한 오감은 물론이고 사고의 구조와 감정의 변화까지 파헤치고 있다. 이렇게 되니 뇌세포를 조작하여 그들 백성들과의 언로를 차단하는 방법들이 하나둘씩 생겨나게 됐다.

어떤 사람은 우울증 치료를 위해 전전두엽의 일부를 살짝 잘라버렸더니 정말로 병세病勢가 감쪽같이 사라졌다. 또 어떤 사람은 해마[26]의 이상으로 공포심이 유발되기도 하고, 혹자는 측두엽의 질환 때문에 성격이 변하면서 없던 예술적 재능이 생겨나기도 했다. 특히 측두엽의 일부 영역은 성령 체험과 같은 신비로운 느낌을 만들어내는 것으로도 알려져 있다.

그리고 테스토스테론(testosterone)[27]과 같은 화학물질을 차단하자 놀랍게도 소유욕이 사라지면서 무소유의 의식 상태가 되기도 했다. – 얼마 전 인간의 사고 패턴을 일부나마 수학적으로 기술하는 데에도 성공했다.

연구에 따르면, 이런 식으로 인간이 일으키는 사고와 감정들을 뇌를 다루어 어느 정도 제어할 수 있다고 한다. 제국 백성들과의 소통 회로를 조작함

---

26) hippocampus. 관자엽의 안쪽, 변연계의 일부분에 위치해 있다. 해마는 학습과 기억 및 새로운 정보의 인식 등에 관여하는 것으로 알려져 있다.

27) 화학식은 $C_{19}H_{28}O_2$이며, 소나 말, 돼지와 같은 동물의 고환에서 추출되는 스테로이드계의 남성호르몬이다. 인간의 뇌에서도 분비되며, 이것이 질투심과 소유에 대한 인식을 유발하는 것으로 알려져 있다.

으로써 의식에 일대 변화를 가져오게 하는 것이다. 최근엔 꿈이나 기억을 인공지능을 통해 모니터에 재생하는 기술도 개발됐다고 하니 뇌과학의 미래가 사뭇 기대되어진다.

 그렇다면 제국의 황제 노릇을 하면서 발생하는 스트레스를 일거에 없애는 수술을 받으면 어떨까?
 공포와 슬픔, 짜증과 같은 부정적 감정들을 송두리째 뽑아버리면 통치하는 데에 꽤나 편리할 것이다. 아니면 더 나아가 감정 자체를 없애서 부처의 해탈을 흉내 내어 보는 것도 나쁘진 않을 것이다.

컴퓨터의 하드웨어와 소프트웨어를 갈아 끼우는 것처럼 뇌를 성형하는 시대가 도래하고 있다.
과연 우리의 의식은 수술대 위에서도 안전할 수 있을까?

그런데 이게 근원적인 처방이 되는 것이 아니다. 제국의 수도에 꽉 들어차 있는 신경회로를 조작하고 화학물질을 쏟아부어 그런 기분을 만들어낼 수 있지만, 그건 딱 3차원에서 살 때까지만이다.

제국이 무너져서 4차원으로 빠져나오면 제국의 회로를 조작하여 만들어낸 감정들은 몽땅 사라지고 만다. 부처처럼 지냈어도, 그건 아득한 옛 추억처럼 멀게만 느껴지게 될 것이다.

진리에 대한 깨달음이 뒷받침되지 않는 감정은 잠시 스쳐 지나가는 신기루일 따름이다. 뇌의 조작을 통한 신묘한 경험을 가지고는 의식의 구조를 근본적으로 바꿀 수 없다. 이런 이유로 수행에 있어서 초월적 의식보다 지혜의 확장을 더욱 높이 치는 것이다.

무엇이 우리의 진짜 모습일까?
혹시 다른 사람의 정보를 뒤집어쓰고 내가 아닌 다른 모습으로 살아가고 있는 것은 아닌가?

세상에는 초월을 운운하며 깨달음의 경지를 거론하는 道人들이 참으로 많다. 하지만 필자가 보기에 그들 중 극히 일부를 제외하고는 석학碩學들의 견식見識을 따라가지 못한다. 지식의 양에서 너무 많은 차이가 나다 보니 지혜에 있어서도 대체로 그들이 뛰어나다.

마음이 속세를 초월하여 피안에 머무른다 해도 머릿속이 비어 있으면 허사이다. 생명 제국에서 분비되는 화학물질에 뒤섞여 느껴지는 초월의식은 죽음과 동시에 대부분 소멸될 것이기 때문이다. 하지만 정보를 조합하여 최상의 가치를 그려낼 줄 아는 지혜는 제국의 멸망에 상관없이 그대로 지속된다.

따라서 구도자라면 산속에서 허공虛空을 공부하기 이전에 인류가 쌓아 온 지식부터 탐구하는 것이 옳을 것이다. 도인道人, 각자覺者, 선사仙師, 대사大師… 등의 허울뿐인 굴레에 갇혀 화학물질로 샤워를 하며 지내기보다는 하산下山하여 세상의 학문과 씨름해 보는 편이 낫지 않을까.

그러다 보면 부지불식중 수준 높은 견식見識을 갖추게 되고, 여기에 금상첨화로 空의 묘리를 더해 나간다면 가히 석가의 지혜를 증득하는 날도 기대해 볼 수 있을 것이다.

생명 제국과 그곳의 통치자!
이 둘이 한 덩어리로 묶여 한정된 시간을 보내고 있는 것이 인생살이이다.
더 나은 존재로의 진화를 위해 오늘도 우리는 쉬지 않고 둥글어 가고 있다.

6 나는 누구인가?

 밤하늘을 수놓는 반짝이는 별들, 그것들을 보면서 누구나 한 번쯤은 동화속 세상을 떠올려 봤을 것이다. 그런데 별들의 구성 성분이 수소와 탄소, 그리고 산소를 비롯한 몇몇 원소들의 혼합물로 이루어졌다는 사실을 알면 동경의 마음은 싹 사라진다. 우리 몸과 별로 다를 바가 없기 때문이다.

 사실 우리의 몸은 별들의 부스러기가 뭉쳐져 무려 38억 년을 진화하여 만들어진 것이다. 대략 100조 개의 세포로 이루어진 몸뚱이는 별들보다 훨씬 복잡하고 오묘한 체계를 지니고 있다. 세포 속속들이 살고 있는 미생명체의 수까지 더한다면 제국 내에 살고 있는 백성 수가 무려 수백 조를 훌쩍 넘길 것이다.

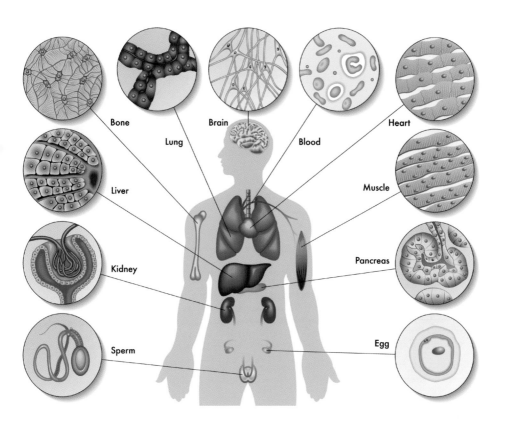

이렇게 인구가 많음에도 별다른 마찰 없이 우리의 몸이 잘 유지되고 있는 것은 백성들의 희생정신 때문이다. 제국 내의 생명체들은 공동의 청사진을 위해 희생을 불사한다. 자신이 제 역할을 못하게 되면 곧바로 죽음을 선택하는데, 이것이 세포의 자살이라 알려진 세포사멸細胞死滅이다. 또한 중요 기능을 담당하는 것들, 예를 들어 심장이나 폐, 간 등은 평생 동안 쉬지 않고 중노동을 하면서도 불평 한마디 없다.

이처럼 생명 제국의 백성들은 오로지 공동의 번영과 가치를 위해 자신을 희생하고 있다. 아니 희생이라기보다는 존재의 의미와 가치의 창조를 즐기고 있는 건지도 모른다.

그렇다면 이제 본질적이면서 가장 중요한 질문을 던져 보자.

나는 누구인가?

지금껏 논했던 생명 제국의 통치자인가?
틀린 말은 아니지만 그것이 '나'의 전부일 수는 없다.

세상에는 '나'만큼 알기 어려운 것도 없다. 얼마나 이것에 대해 알기가 어려웠으면 '나'를 알면 세상만사 모든 것을 통달했다고 하겠는가!
깨달음의 세계에 있어서도 마지막 관문은 늘 '나'를 아는 문제였다. 그만큼 '나'란 가까이 있으면서도 너무도 아득한 존재가 아닐 수 없다.

다행한 일은 현대 과학이 '나'에 대한 해답을 내놓기 시작했다는 사실이다.
가장 대표적인 것으로는 다음 세 가지를 들 수 있다.

첫째, 분자생물학의 유전자 지도를 통해 본 나.
둘째, 뇌과학의 거울뉴런을 통해 본 나.
셋째, 양자역학의 이중슬릿 실험을 통해 본 나.

현대 과학에서 어떤 식으로 '나'를 분석하고 있는지 차례대로 따져 보자.

유전자 지도 → 나는 정보이다

3천여 년 전 이집트의 람세스(Ramesses)는 피라미드를 쌓고 미라가 됨으로써 영생을 추구했다. 그리고 5백여 년 뒤, 인도의 싯다르타는 출가를 통해 인간이 지닌 생로병사라는 한계를 뛰어넘으려 했다. 그리고 다시 2백여 년 뒤 중국을 통일한 진시황은 권좌를 지키면서 수은이 든 내단內丹을 복용하고 불로초를 먹는 방법을 택했다.

하지만 이들 모두 영생은 고사하고 불로장생도 이루지 못했다. 정해진 시간 내에 반드시 생로병사 해야 한다는 자연의 법칙은 너무도 높았다.

오히려 죽음을 통해 진정한 생명의 가치를 찾을 수 있지 않을까?

그런데 이런 인간이 지닌 한계가 조금씩 무너지고 있다. 생로병사 가운데 늙고 병드는 문제를 극복할 수 있는 길이 열리기 시작했으니, 바로 유전자 지도가 속속들이 등장하면서다.

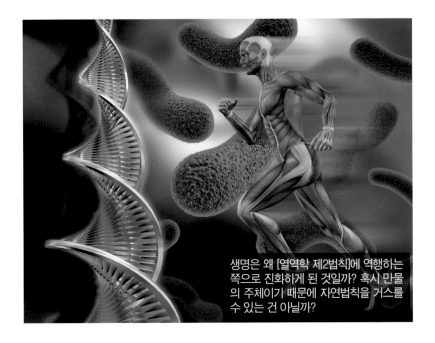

생명은 왜 [열역학 제2법칙]에 역행하는 쪽으로 진화하게 된 것일까? 혹시 만물의 주체이기 때문에 자연법칙을 거스를 수 있는 건 아닐까?

유전체[28]란 생명 현상의 모든 것을 결정하는 설계도로서, 생명의 탄생에서 오늘날에 이르기까지의 모든 기록이 담겨 있다. 한마디로 도서관과 같은 정보 보관소인데, 이것을 분석하면 불로장생이 먼 나라 얘기가 아니게 된다.

최근 들어 급속한 과학 기술의 발달로 인해 보급의 길이 활짝 열렸다. 초기에 한 명의 유전체를 분석하는 비용이 무려 25억 달러였던 것이 2012년에 1천 달러로 내렸으니, 이제 100달러 시대가 오는 것도 시간문제일 것이다.

---

28) 인간의 유전체는 23쌍의 염색체 단위로 구성된다. 각각의 염색체는 A,G,C,T 네 종류의 뉴클레오티드가 이중나선 구조로 배치되는데, 이것이 소위 잘 알려져 있는 DNA이다. 인간의 유전체를 뉴클레오티드의 수로 환산하면 약 30억 개가 되니, 이 암호를 모두 풀면 유전자 지도가 완성된다. ※참고문헌: 서정선교수의 [유전체 정보와 미래의학], [유전체 연구와 21세기 개인별 맞춤의학].

누구나 자신의 유전암호를 해독할 수 있는 시대가 도래했고, 이것은 의학 뿐만 아니라 인류의 철학적 소양에도 커다란 변혁을 몰아오고 있다. 바로 인간의 모든 것을 디지털 정보로써 파악하기 때문이다. '나'라고 믿고 있던 대상이 컴퓨터에 입력된 일련의 정보들로써 규정되고, 이렇게 됨으로써 인간 의 정체성에 심각한 의문을 던지게 한다.

유전자 지도는 오늘날 정보 시대의 정점을 찍으며 세상의 변혁을 크게 앞당 길 것이다. 그러면서 과거 선승들이나 잡고 있던 '나는 누구인가?'의 화두를 인류 모두에게 던지게 할 것이다.

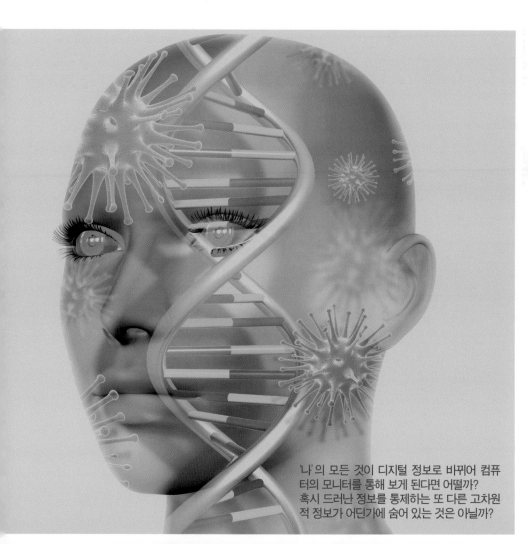

'나'의 모든 것이 디지털 정보로 바뀌어 컴퓨터의 모니터를 통해 보게 된다면 어떨까?
혹시 드러난 정보를 통제하는 또 다른 고차원적 정보가 어딘가에 숨어 있는 것은 아닐까?

정보로써 '나'를 파악하는 것, 이건 얼핏 보면 '나'가 정보 덩어리로 전락하는 것처럼 보이지만 그 반대일 수 있다.

'나'가 물질이 되는 것보다는 '정보'가 월등히 낫다. 물질은 3차원에 갇혀 있지만 정보는 차원의 벽을 넘어 고차원 어디든 넘나들 수 있기 때문이다. 또한 그 태생부터가 다른 것이, 물질은 앞서 말했듯 정보가 만든 환영이지만, 정보는 그 자체로 실존의 한 단면이다.

그렇기에 유전자 지도가 이끌고 있는 「인간 = 정보」라는 등식은 수천 년 동안 물질의 한계에 걸려 헤매던 인류에게 희망찬 내일을 예고하는 구원의 메시지가 아닐 수 없다.

정보…, 여기에 인간이 지닌 생로병사를 극복하는 어떤 비밀이 숨어 있지 않을까!

우리가 진실에 다가갈 수 있는 가장 정확한 길은 정보를 모으고 그것을 분석하여 원리를 찾아내는 데에 있다.

거울뉴런 → 나는 관계이다

인간의 뇌에는 약 10조 개에 달하는 신경세포 뉴런이 있다. 그 가운데 거울 뉴런(mirror neuron)이란 것이 있는데, 이것은 외부의 정보를 습득하고 모방 하는 기능을 한다. 여기서 이전 세대의 지식을 빠르게 학습하고 이어서 새로 운 지식을 더함으로써 진화가 가능해지게 된다.

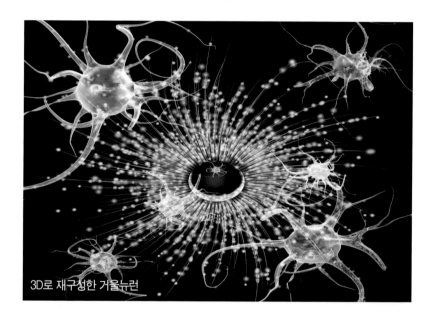

3D로 재구성한 거울뉴런

인간을 다른 동물로부터 구별해 주는 이성理性을 거울뉴런에서 찾는 것도 이런 이유이다. 사실 원숭이들의 거울뉴런은 운동을 담당하는 뇌에만 국한 되어서, 남의 행동을 따라 하거나 단순한 공감을 일으키는 선에서 멈추고 만 다. 그들의 거울뉴런이 인간처럼 뇌의 여러 군데 분포하게 된다면 진화의 속 도가 급속도로 팽창하여 언젠가는 혹성탈출에 나오는 원숭이 제국을 이룩 하게 될 것이다.

사실 고인류학(paleoanthropology)을 보면, 현세 인류는 수백만 년 동안 원시 그대로 존속하다가 4~5만 년 전부터 급속히 문명을 발전시키게 된다. 바로 이 시기에 거울뉴런의 시스템이 자리 잡게 됐다고 하니 그 연관성에 주목하지 않을 수 없다.

거울뉴런은 외부와 공명을 일으키는 특이한 현상을 불러온다. 가령 어떤 사람이 팔을 다쳐 고통을 느낄 때, 거울뉴런에 의해 이것을 보는 다른 사람의 뇌신경에도 동일한 고통의 증세가 생겨난다. 이때 피부조직에서 '그것은 가상의 고통이니 걱정하지 말라'는 신호를 보낸다. 그래서 다행스럽게 상상 속의 고통에서 멈춘다. 이와는 반대로 꿈속에서 실제와 같은 감각을 느끼는 것은 몸에서 '가상'이라는 신호를 보내주지 않기 때문이다.

신체의 바깥 부분에 위치하고 있는 인간의 피부조직은 운동을 통해 외부와의 분별을 일으키고, 여기서 '나'라는 의식을 불러오게 한다. 만일에 분별의 신호를 보내주는 피부조직이 마비되면 거울뉴런에 의해 발생하는 공명 현상은 현실이 된다.

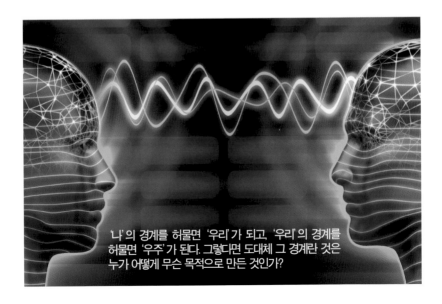

'나'의 경계를 허물면 '우리'가 되고, '우리'의 경계를 허물면 '우주'가 된다. 그렇다면 도대체 그 경계란 것은 누가 어떻게 무슨 목적으로 만든 것인가?

'나'의 경계를 알려주는 신호가 꺼지면서 남게 되는 것은 뉴런들뿐이다. 뉴런들이 상호 신호를 전달하면 사람들은 함께 느끼고 같은 정보를 공유하게 된다.

따라서 60억 인류의 피부세포를 잠시 쉬게 만든다면 지구상의 인간은 단 한 명만 남게 된다. 그것은 공통의 뉴런을 지니고 있는 인류라는 단 하나의 생명체이다. 이런 일을 전 우주로 확대하면 그야말로 천상천하天上天下 유아독존唯我獨存이 된다.

결국 '나'라고 하는 것은 몸에서 보낸 신호에 의해 구분된 것이 된다. 따라서 신호가 꺼지면 '나'는 곧 '전체'이다. 이렇듯 거울뉴런을 통한 실험에서 보면 '나'는 독립적으로 존재하는 것이 아니라 전체 관계망의 일부로서 존재한다. 마치 우리 몸속에 위치한 미토콘드리아처럼 전체 생명의 일부로서 살아 숨 쉬고 있는 것이다.

그런데 뉴런의 공명이 가상일까? 아니면 신체에서 보내는 신호가 가상일까?

이중슬릿 실험 → 나는 우주이다

 우리의 경험 가운데 가장 확실하다고 믿을 수 있는 것은 물질의 존재이다. 오감을 통해 잠시도 쉬지 않고 들어오고 곧바로 확인되는 것이 물질이기 때문이다.

 세상에는 아리송한 것들이 꽤 되지만, 보고 듣고 만질 수 있는 물질만큼 확실한 것은 없다. 그러다 보니 「개똥밭에 굴러도 이승이 낫다」는 속어처럼 물질과 함께하는 현실의 가치를 무엇보다 우선시하게 됐다.

입자와 물질은 실재하는가?
혹시 입자와 물질에 대한 신뢰가 너무 커져 은연중에
신앙이 된 것은 아닌가?

아이작 뉴턴

이런 물질에 대한 신념을 더욱 높여준 것이 아이작 뉴턴이다. 그는 1687년에 발표한 『자연철학의 수학적 원리(Principia)』에서 중력질량과 관성질량이 같다는 사실에 착안해서 만유인력의 법칙을 발표했다.

이때부터 뉴턴의 명성과 함께 물리 법칙에서 질량이 차지하는 비중은 급상승하게 되었다. 오랜 신앙의 압박에 대한 반작용 때문인지 기계론적 사고는 줄기차게 확산됐고, 1814년에 이르러서는 측정값만 정확히 알면 먼 미래도 충분히 예측할 수 있다는 라플라스의 괴물(Laplace's demon)까지 등장하게 되었다.

우리의 오감을 통해 가장 확실하다고 여겨지는 물질, 그것의 가장 큰 특징인 질량의 위상이 커진 것은 물질세계가 실재實在한다는 믿음을 더욱 공고하게 해줬다.

물질은 질량으로 표현되고, 질량은 입자의 덩어리로써 설명되어진다. 그래서 과학자들은 작은 입자를 찾았고 결국 돌턴이 예견한 원자(atom))라는 것을 차례대로 발견하였다. 그리고 아인슈타인이 1905년 광전효과를 통해 빛이 입자로 되어 있음을 증명해 내자 「물질=실재」라는 등식은 진리로 굳어졌다.

그리고 10년 뒤, 아인슈타인이 특수상대성원리에 이어 일반상대성원리를 발표하자 질량의 위상이 정점에 달했고, 이제 질량과 입자를 부정할 사람은 지구상에 단 한 명도 없어 보였다.

그런데 「질량=입자=실재」 라는 등식에 제동을 거는 움직임이 암암리에 일어나고 있었다. 1800년 토마스 영(Thomas Young)은 『소리와 빛에 관한 실험과 연구개요』에서 빛의 파동성을 주장했고, 그의 뒤를 이어 오귀스탱 프레넬(Augustin Fresnel)은 빛의 파동 모형을 정식 이론의 반열에 올려놓았다.

하지만 여전히 뉴턴의 명성에 가려 파동성이 입자성에 대적하기란 버거웠다. 그러다가 1927년에 데이비슨(davisson)과 저머(germer)의 「전자 이중슬릿 실험」을 통해 파동성의 입지가 강화되었다. 이들은 입자성과 파동성이 동시에 나타날 수 있음을 증명함으로써 입자성의 권좌에 커다란 흠집을 내었다.

이제 물질(입자)만 참된 존재라고 여기던 세상에 파동이라는 무시무시한 적이 나타난 것이다. 그렇더라도 실험 결과를 액면 그대로 받아들인 과학자는 거의 없었다. 그들에게 있어서 입자는 무조건 우선해야만 하는 대상이었다.
그래서 파동이 가능하게 하는 어떤 물질로 우주가 가득 채워져 있을 것이라 여겼다. 입자의 파동성을 부정하거나 폄하하기 위해 에테르(Aether)라는 가상의 물질까지 만들어 우주를 가득 메웠다. - 훗날 마이켈슨과 몰리 실험으로 에테르의 존재는 부정되었다.

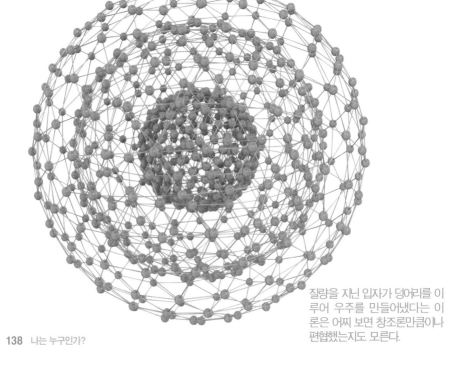

질량을 지닌 입자가 덩어리를 이루어 우주를 만들어냈다는 이론은 어찌 보면 창조론만큼이나 편협했는지도 모른다.

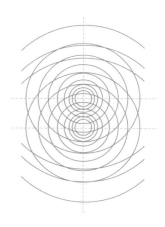

그런데 더 큰 문제가 발생했다. 꾸준한 실험 결과 빛이나 전자만 파동성을 띤 것이 아니었다. 존재하는 모든 입자가 파동의 성질을 구비하고 있는 것으로 나타났다.

이렇게 되자 입자를 신봉하던 과학자들 역시 파동성을 받아들이지 않을 수 없게 되었다. 그래서 입자는 입자성과 파동성을 동시에 지닌다는 이중성을 채택하기에 이르렀다. 그 내막이 어찌 되었든 합리적인 절충점이었다.

그런데 양자역학이 급속도로 발달하면서 입자성과 파동성의 균형은 점점 허물어져 갔다. 계속된 실험은 입자성을 축소하고 파동성을 부각해 나갔다. 그러다가 일부지만 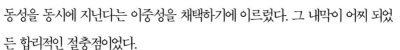파동만이 존재의 실제 모습이라는 주장까지 대두되었다.

이렇게 되자 입자 신봉론자 측에서 가만있을 수 없게 되었다. 여태껏 양보한 것도 억울한 일인데 권좌까지 넘겨줄 수는 없는 노릇이었다. 그래서 양자역학과 거의 비슷한 시기에 출범한 입자물리학의 속도를 바싹 높였다.

이때 구원 투수로서 등장한 것이 표준모형이다. 이것은 양자역학의 실험 결과에 상관없이 우주는 변함 없이 입자로 되어 있다는 가설에서 출발한다. 쉽게 말해 우주의 모든 것을 입자로써 충분히 설명할 수 있다는 전제에서 표준모형은 그 첫발을 디뎠다.

초반과 중반의 표준모형은 탄탄대로였다. 양자역학자들이 관찰자의 문제를 들어 의식도 자연의 일부라고 떠드는 것을 비웃기라도 하듯, 표준모형은 자연계에 존재하는 세 가지 힘을 순조롭게 풀어나갔다. 약간 복잡하고 어설픈 구석은 있지만 그런대로 하나의 방정식 내에 묶어 놓기도 하였다.

그런데 가장 큰 문제에 봉착하였다. 최초의 입자, 그러니까 질량이 어디서 왔는지의 문제를 어떻게든 해결해야만 했던 것이다. 첫 단추를 제자리에 끼지 않으면 그 이후의 단추는 모조리 무의미하게 되고 마는 이치이다.

표준모형은 입자와 질량이라는 절대불변의 원칙 하에 세워진 이론이다. 그렇기에 질량을 부여하는 입자가 반드시 관측되어야만 한다. 여기서 등장한 것이 그 유명한 힉스 입자[29]이다.

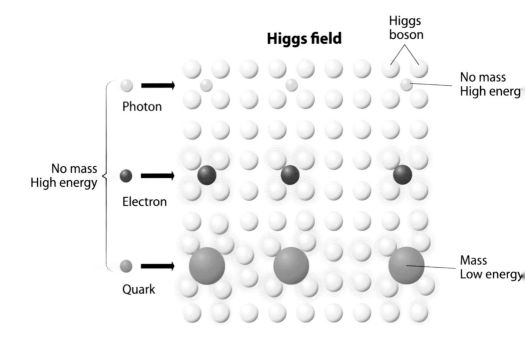

THE HIGGS MECHANISM

---

29) 이휘소 박사가 그의 논문에서 '힉스 입자' 라는 명칭을 쓰면서 굳어졌고, 1994년 레온 레더만이 '빌어먹을 입자' 라고 붙인 것을 출판사가 '신의 입자' 로 바꾸면서 그 별명도 생겨나게 됐다. 힉스 입자의 존재가 확인된다 해도 표준모형은 우주의 4% 정도를 막연하게 설명해 줄뿐이다.

참고로 과학자들이 가장 싫어하는 것이 반증이 없는 이론이다. 반증의 구석이 없이 일방통로로 나아가는 이론을 유사類似 과학, 쉽게 사이비 과학이라 한다. 가령 교황청에서 신을 증명하거나 티벳 불교에서 윤회를 증명하는 실험을 한다면 이미 답이 정해져 있기에 반증의 기회가 없다. 이렇게 되돌릴 수 없는 상황에 몰려 원하는 결과만을 추구한다면, 그건 영락없는 유사과학이다.

평면 세계 생물들은 평면이야말로 일모도 의심의 여지가 없는 진실이라 믿는다. 하지만 그들의 과학이 발전하여 평면은 높이가 없어 실재할 수 없다고 한다면 어떨까? 평면이 부정되는 동시에 그들의 세계는 신기루처럼 사라지고 말 것이다. 실재하지 않는 허상의 세계에서 살아가는 그들 역시 환영으로 전락될 터. 그렇기에 그들은 관측 사실을 어떡하든 받아들이지 않을 것이다. 모든 것을 평면으로 치환하여 평면 세계의 규칙에 맞게 적용해야만 한다. 이처럼 과학에 어떤 원력願力이 끼어들면 유사과학이 되고 만다.

꼭 그렇지는 않지만 기이하게도 오늘날 입자물리학자들이 힉스 입자에 목매면서 그런 상황에 직면하게 되었다. 힉스 입자가 없으면 표준모형뿐만 아니라 존재하는 모든 것이 증발해 사라져야만 하는 처지가 된 것이다.

과학자들은 입자물리학[30]의 생존을 걸고 힉스 입자에 대한 마지막 줄다리기를 하였고, 2013년 양성자를 8TeV(테라전자볼트)의 에너지로 가속시킴으로써 마침내 그것을 찾아냈다.

그렇다면 표준모형이 완성됨과 동시에 입자물리학이 최종적으로 승리한 것인가?

---

30) 양자역학에서 원자물리학, 핵물리학, 입자물리학, 응집질질물리학 등이 파생되었다. 따라서 양자역학이 입자물리학을 포괄하는 개념이지만, 본서에서는 '입자'와 '파동'의 대립과 그 의미를 부각하기 위해 그 두 이론을 대비시켜 전개했다.

그런데 입자란 것 자체가 어떤 임의적 계산에 의한 가상적 산물임은 익히 알려진 사실이다. 힉스 입자를 비롯해 새로운 종류의 입자가 수없이 등장해도 구조적 모순은 해결할 수 없다. 왜냐, 입자를 설명하기 위한 질량 개념부터가 오류 투성이기 때문이다. 인류는 질량을 모든 존재와 운동 법칙의 잣대로 삼아 왔지만, 사실상 그것을 직접적으로 측정하는 방법은 존재하지 않는다.

어떤 에너지나 물리량이 주어졌을 때, 그것을 있는 그대로 놔두어서는 인식의 한계에 걸린다. 애매모호한 자연 상태에 질량을 붙이고 이로써 입자를 만들어야만 우리의 인식은 활발하게 작동하게 된다. 양羊의 무리에 1,2,3,4… 의 숫자를 붙여야만 셈을 쉽게 할 수 있는 것과 같은 이치이다. 이때 양羊과 그것에 붙여진 숫자는 엄밀히 다르다.

우리는 물질, 다시 말해 질량과 입자에 흠뻑 길들여져 있다. 물론 그렇게 해서 우리의 삶이 편리해진 것만은 부정할 수 없는 사실이다. 하지만 편리한 것과 진실을 바로 아는 것은 별개이다.

E=mc²에서 질량이나 입자에 대한 개념이
에너지로 대치됐다고 해도 有로 보는 한
여전히 입자의 틀거지 내에 있다.

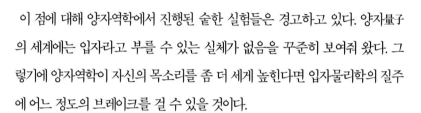

평면 세계 생물들이 단지 편리만을 위해 사각
뿔의 존재를 부정한다면 어떻겠는가. 그들 입
장에서는 관측되는 사각뿔을 모조리 평면으로
치환하여 인식하는 것이 편리하고 유용하다. 하지
만 속해 있는 차원次元의 고유 특성과 편리만을 계속
해서 고집한다면 영원히 사각뿔의 실체를 알 수 없을 것이다.

이 점에 대해 양자역학에서 진행된 숱한 실험들은 경고하고 있다. 양자量子
의 세계에는 입자라고 부를 수 있는 실체가 없음을 꾸준히 보여줘 왔다. 그
렇기에 양자역학이 자신의 목소리를 좀 더 세게 높힌다면 입자물리학의 질주
에 어느 정도의 브레이크를 걸 수 있을 것이다.

하지만 놀랍게도 양자역학자들도 대부분 입자 추종자들이다. 보고 듣고
만져지는 모든 것들이 입자로서 다가오기 때문에 그들 역시 입자를 떠나서는
이해의 한계에 걸릴 수밖에 없다. 그래서 리차드 파인만(Richard Feynman)
은 「양자역학을 이해하는 사람은 자신을 포함하여 단 한 명도 없다」고 말하
기까지 하였다. 왜냐, 모두들 입자를 버려서는 인식의 한계에 걸릴 수밖에 없
기 때문이다. 평면 세계 생물들이 평면을 버리지 못하는 것과 같은 서글픈 한
계이다.

양자역학자들 역시 자신들이 실험하는 결과에 대해 어떡하든 입자론적으로
해석하려 했다. 생사生死를 동시에 만족하는 고양이를 받아들일 수 없기에
논점을 벗어난 앙상블 해석을 내놓았고, 또한 상태가 결정될 때 남게 되는
다른 쪽 고양이를 처리하기 위해 우주를 쪼개기도 했다. 이외에도 여러 가지
입자론적 해석들이 줄을 이었지만 어느 것 하나 상태중첩이나 양자얽힘 현상
에 대해 분명한 답을 내려주는 것은 없었다.

결국 다수결 투표를 진행해서 코펜하겐 해석을 따르는 식으로 어물쩍 넘어 갔다. 그래도 여전히 남는 의문을 해소하기 위해 미시세계와 거시세계를 분리하여 따로 접근하는 방식을 택했다. 납득할 수 없는 현상은 모조리 거시세계와 구별되는 미시세계만의 특성으로 몰아간 것이다.

이뿐만이 아니다. 양자역학은 양자장론(Quantum Field Theory)을 만들어 수학적으로 연속적인 장(field)을 입자로 재해석하게 되었다. 이것을 양자화(Quantization)라 하는데, 연속인 장場을 무한한 입자들의 합으로 보고, 무한대가 되는 점을 on-shell 입자(가상입자가 아닌 실제 물리적 입자)로 해석하기도 한다.

일반상대성이론의 연속성과 양자역학의 불연속성을 하나로 통합하기 위한 노력도 있었다. 가장 대표적인 것으로 초끈이론을 들 수 있는데, 이것은 1차원 끈의 지속적 진동에 의해 입자마다 고유한 성질이 생기고 여기서 우주 질서가 생성된다는 이론이다. 이것 역시 입자를 옹호하기 위한 가설에서 시작됐으니, 과학자들이 얼마나 입자를 포기하기 어려워 하는지를 단적으로 보여주는 사례라 하겠다.

미시세계

거시세계

이해할 수 없다고 단절을 짓는다면,
진실을 알 수 있는 길은 더욱 멀어진다.

그렇다면 도대체 실재實在하는 건 무엇일까?

우리는 태생적 특성에 의해 정보를 입자(물질)가 만들
어낸 가상의 것으로 본다. 하지만 양자역학은 그 반대의
경우를 생각하게 만든다. 정보가 진짜이고 입자가 편리를 위해 가상으로 만
들어낸 것이라는 사실을 확인시켜 준다.

양자역학의 결론은 모든 것이 파동으로 존재한다는 것이다. 입자와 파동의
이중성은 관측 결과로 인해 깨진 지 오래이다. 입자는 파동을 3차원 방식으
로 치환한 가상적 개념이다. 2차원 평면 세계 사람들이 사각뿔을 평면화 시킴
으로써 실생활에 유용하게 활용하는 것처럼, 우리 역시 파동을 3차원 입자로
치환함으로써 문명의 발전을 이끌었다. 하지만 편리를 진실로 믿어서는 안된
다. 믿고 싶은 것만 믿어서는 진실을 영원히 알 수 없다. 1923년 노벨상을 수
상한 밀리컨[31](Millikan, Robert Andrews)의 경우처럼, 자신의 믿음을 위해
반대되는 실험 결과를 모조리 삭제하고 있지는 않은지 반문할 필요가 있다.

양자역학에서 봤을 때, 파동의 증거는 충분히 나왔지만 입자의 증거는 없다.
실험을 통해 증명했다는 입자는 모두가 입자성粒子性을 말한다. 입자와 입자
성은 비슷한 듯 보이지만 전혀 다른 개념이다. 입자는 물질이지만 입자성은
여전히 그 정체가 모호한 정보의 일종이기 때문이다. 우리가 입자라고 분명히
말할 수 있는 것들은 실험실 밖에서만 존재한다. 우리의 관찰을 통해 그것이
3차원 정보와 맞닿을 때, 비로소 입자라는 형태로 그 모습을 드러내게 된다.

---

31) 밀리컨은 기름방울을 공기 중에 분사한 뒤 전하량을 측정하는 [밀리컨의 유적실험]을
통해 노벨상을 수상했다. 1953년 그가 사망한 뒤에 과학 사학자들이 그의 실험노트를 살
펴보게 됐는데, 놀랍게도 유적실험 결과가 그의 논문처럼 일관되지 않았다. 밀리컨은 자
신에게 불리한 측정값은 모조리 빼고 원하는 결과만을 모아 조작된 논문을 썼던 것이다.

입자, 이것은 두 개의 밑변과 한 개의 높이에 길들여진 우리에게 맞춰진 인식 대상이다. 존재하는 모든 것은 슈뢰딩거의 고양이처럼 상태가 중첩되어 있다. 이것이 곧 파동이다. 파동은 항상 가능성이 열려 있는 상태로 존재하는데, 이것을 관측에 의해 3차원과 접하게 되면 입자성을 띠게 된다. 고양이의 생生과 사死가 결정되는 것이다.

벽돌보다 그것을 구성하는 시멘트와 모래가 진실에 가깝다. 쪼갤수록 진실될 확률이 높아지기 때문이다. 그래서 인류는 먼 옛적 광활한 우주를 논하다가 기술의 발달과 함께 쪼개는 쪽으로 급선회했다. 그 결과 오늘날 양자역학, 입자물리학, 핵물리학, 응집물질물리학, 분자생물학 등이 크게 맹위를 떨치게 되었다.
이런 노력을 거쳐 얻게 된 보배 가운데 하나가 바로 파동이 입자에 우선한다는 사실이다. 파동은 입자에 매인 우리 3차원의 한계를 넘어 고차원을 이해할 수 있게 해주는 소중한 안내자이다.

2차원 평면 세계를 넘어설 수 있는 길은 오로지 '높이'를 ㅎ... 데에 있다. 하지만 3차원 입체 세계에서는 '높이'를 버려... 것(물질)을 해체하는 데에 해답이 있다.

그렇다면 물질의 속성인 파동을 어떻게 해야 잘 이해할 수 있을까?

파동이 관측에 등장하면서 가장 문제가 된 것이 매질이다. 이것은 마치 바늘과 실의 관계처럼 떨어질 수 없는 것으로 생각됐는데, 바로 이 문제부터 바로 알아야 한다.

우리는 여기서 또 한 번의 큰 오류에 빠지게 된다. 매질을 찾는 것은 존재하는 모든 것이 입자로 되어 있다는 믿음 때문이다. 입자를 포기하면 매질은 필요가 없다. 물이나 공기와 같은 매질은 입자가 파동을 이룰 때만 필요한 대상이다.

그렇다면 매질도 없이 홀로 파동 치는 현상을 어떻게 이해할 수 있을까?
이건 마치 황무지에 돌을 던졌더니 갑자기 물보라가 일어나는 것과 같지 않은가!
정보란 결정이 유보되어 여러 가능성을 고루 함축하고 있는 상태이다. 그렇기에 언제나 상태중첩으로 있고, 그것이 움직이면 파동을 이루게 된다. 정보의 특성이 매질을 필요로 하지 않는 것이다.

실존파(實存波)	有力과 無力의 구분이 사라진 상태, 즉 空 자체를 에워싸고 있는 파동
정보파(情報波)	모호한 방향성에 의해 다양한 가능성을 내포하고 있는 파동. 4차원의 질료
양자파(量子波)	가능성의 폭은 줄었지만 여전히 상태중첩을 이루며 차원의 경계를 이루는 파동

평면 세계 생물들이 사각뿔을 이해하기 위해서는 '높이'라는 발상의 전환을 가져와야 한다. 그것 없이는 영원히 사각뿔을 이해할 수 없다.

마찬가지로 우리 역시 그들과 같은 획기적인 사고의 도약을 이루어야 한다. 그것은 참된 존재는 어떤 입자나 물질로 이루어진 게 아니라 '정보'로 되어 있다는 매우 단순한 사실 하나를 이해하는 데에 있다. '정보'가 우주를 구성하는 참된 질료라는 사실, 이것을 바로 인지하는 것은 2차원 평면 세계의 생물들이 높이를 받아들이는 것과 같다.

하지만 그러려면 입자를 포기해야 하는데, 그건 아무리 생각해 봐도 어려운 일이다. 거의 대부분의 과학자들은 어떡하든 입자로써 미시세계의 문제를 해결하려 한다. 앞서 잠깐 언급했던 양자장론이나 초끈이론도 그렇고, 요즘 상당히 부각하고 있는 루프양자중력이론(Loop Quantum Gravity, LQG)도 그렇다.

특히 루프양자중력이론은 입자에 대한 중독이 얼마나 심각한지를 여실히 보여준다. 그 핵심만 간단히 설명하면, 원자핵보다 수천억 배나 작은 '공간 양자'들이 고리(loop)로 연결되어 공간을 가득 메우고 있다는 가설이다. 이로써 일반상대성이론과 양자역학을 통합하려 함인데, 입자에 대한 불변의 집념을 엿볼 수 있게 해 준다.

2차원 평면 세계에서 탈출하는 길은 '높이'에 있다.
3차원 입체 세계에서 탈출하는 길은 '정보'에 있다.
'정보'가 우리를 자유롭게 해 줄 것이다.

정보를 질료로 삼게 되면 철학의 첫째 화두인 제1원인의 문제가 풀린다. 정보는 有도 아니고 無도 아닌 非有非無한 통합적 개념이다. 그렇기에 자존自存의 문제가 저절로 풀린다. 有인 물질(입자)에서 제1원인을 찾을 수 없는 것과 크게 대비된다.

또한 공간의 유한有限과 무한無限의 문제 자체도 사라지고, 이해의 영역을 벗어났던 실존과 차원에 대한 논의 역시 원활히 진행할 수 있다. 시각을 좁혀 현대물리학을 보아도 여러 난제들에 대한 해답을 던져준다. 앞서 본서의 전편全篇에서 언급하고 있는 시간과 공간, 역학의 문제 대부분에 대한 밑그림을 보여준다.

다만 생활의 편리에 있어서는 여전히 입자로 치환하여 계산하는 것이 유익하다. 왜냐하면 우리는 여전히 3차원 시공간에 살고 있기 때문이다. 3차원을 떠받치는 입자와 질량, 물질에 대한 개념이 없이는 우리 세계를 지탱할 힘도 없고 발전시킬 여력도 없다.

편리와 진실에 대한 구분만 확실히 한다면, 다시 말해 편리를 위해 입자와 질량, 물질을 취했다는 점만 분명히 인지한다면 지금까지 쏟아 부은 인류의 노력이 결코 헛되지 않을 것이다.

과학사에 물질이 파동이라는 증거는 넘쳐 나지만 입자라는 증거는 하나도 없다. 그럼에도 입자는 과학적 증명과 관계없이 절대적 사실로서 받아들여지고 있다.

파동의 실재實在를 강조하다 보니 설명이 다소 길어졌다. 아무튼 우리는 자의든 타의든 결정이 내려진 3차원에서 살고 있다. 그래서 우리가 관측하면 양자 세계의 파동이 3차원으로 쪼그라들면서 결정된다. 상태중첩이 깨지면서 우리에게 친숙한 물리 법칙으로 모습을 드러내는 것이다.

그렇기에 양자역학에 있어서의 관찰자는 상당히 중요한 비중을 지닌다. 비유하자면, 관찰을 통해 3차원의 정보를 고차원 파동에게 전달하는 차원의 전도사라고나 할까.

그런데 재미난 사실은 우리의 관찰이 특정한 실험실 내에서만 국한되지 않는다는 사실이다. 놀랍게도 '나'의 관찰에 온 우주가 반응한다. 내가 안드르메다에 가서 관측을 해도 양자의 세계는 그 관측을 의식하여 반응한다. 초라하고 보잘것없어 보였던 '나'에게 온 우주가 단 한 차례의 예외도 없이 놀라운 호응을 보내는 것이다.

내가 도대체 누구이길래 온 우주가 나의 시선을 의식하는 것일까?

나는 누구인가?

총론

지금까지 유전자 지도에서 정보, 거울뉴런에서 관계, 이중슬릿 실험에서 우주라는 키워드를 얻었다. 이 셋을 종합해서 나를 판단해 보면 어떨까?

나는 정보로 되어 있고 주변과 관계로 연결되어 있다. 그리고 온 우주가 나의 관찰에 반응한다. 이런 세 가지 조건을 만족시킬 수 있는 것은 무엇일까?

세 조건을 고루 만족시킬 수 있는 것은 딱 하나밖에 없다. 그것은 바로 조물주이다.

정보는 有도 아니고 無도 아니다. 그런 것이 어떻게 존재할 수 있느냐고 반문할 수 있지만, 역으로 有와 無가 존재한다는 사실이 더욱 기괴한 일이다. 有와 無는 3차원을 얽어매는 모진 사슬이다. 윤회의 사슬에 걸려 생로병사에 허덕이는 중생을 만든 장본인이 바로 有와 無인 것이다. 없는 것을 있다고 믿는 데서 모든 차원의 제약은 시작한다.

有와 無의 허상을 천 번 만 번 알려 주어도 그것을 이해하기란 대단히 어렵다. 왜냐, 이미 有와 無에 깊이 중독되어 있기 때문이다.

정보는 有와 無의 늪에서 빠져나온 실존의 질료이다. 어느 무엇에 의해 생성된 피조물이 아니라는 얘기다. 그렇기에 「나 = 정보」의 등식은 '나'를 구성하는 것들이 참된 존재임을 알려준다.

그리고 「나 = 관계」의 등식은 '나'가 실존이면서 주변과 끈끈하게 연결되어 있다는 사실을 알려준다. 외롭게 따로 떨어져 있는 실존이 아니라는 것이다. '나'를 구별 짓는 신호만 잠시 끄면 '나'는 곧 인류라는 전체가 되어 창조의 커다란 주역이 된다.

마지막으로 「나 = 우주」의 등식은 「나는 누구인가?」의 물음에 근원적인 해답을 준다. 가볍게 흘리는 나의 시선 하나에도 우주를 구성하는 모든 소립자들은 열렬히 반응하고 결정한다. 마치 '나' 하나만을 위해 존재하는 것처럼 그들은 '나'의 시선을 묵묵히 기다린다. 내가 영영 관찰하지 않는다면 그들은 영원히 결정을 보류하고 상태중첩으로 남게 된다.

정리하면, '나'는 실존의 질료인 정보로 되어 있고, 주변과 하나로 연결되어 있고, 온 우주와 교감하며 영원히 존재한다.

이런 '나'는 몇 번을 생각해도 조물주밖에는 없다.

음‥, '나'가 바로 '창조주 하나님'이라나‥; 고민이 되는 대목이다. 너무 논리를 비약한 것이 아닌가 반문이 들 수 있겠다.

하지만 곰곰이 다시 생각해 보라. 세 가지 조건을 모두 만족하는 것은 조물주 외에는 없다.

다만 그 조물주가 3차원 극장에 갇혀 있다는 점엔 구별이 있다. 조물주가 3차원의 결정을 내림으로써 모든 것을 3차원 식으로 해석하고 있는 것이다.

이런 일을 오래도록 습관적으로 하다 보니 깜빡 자기 자신을 잊어버렸다. 3차원에 너무 몰두하다 생긴 해프닝이랄까.

3차원 극장에서 상영되는 영화는 무얼까?
그건 혹시 시시때때로 떠오르는 생각이 아닐까?

정말로 '나'가 조물주일까?

그 말이 진실이면 어떻게 다시 조물주의 의식을 되찾을 수 있을까?

세상에 그것만큼 쉬운 일은 없다. 솔직히 자기 자신을 찾는 일보
다 더 쉬운 일이 어디 있겠는가!

단적으로 말해, 관찰에 해석을 넣지 않으면 우리는 3차원 극장에서 빠져나
올 수 있다. 해석을 넣느냐 빼느냐의 차이, 이것이 조물주의 본래 모습을 찾
느냐 아니면 극장에 갇힌 조물주로 남느냐의 문제이다.

당신이 애써 부정하려 해도 당신이 조물주인 것은 어쩔 수 없는 사실이다.
조물주인 것을 모르고 극장에 갇혀 두 개의 밑변과 하나의 높이 타령을 하
고 있을 따름이다.

관찰, 그것은 혹시 조물주가 자신이 창조한 세상
감상하기 위해 뚫어 놓은 통로가 아닐까?

인간이 조물주가 되려는 노력은 역사와 함께 시작됐다. 그 결과 싯다르타처럼 조물주가 되었다는 선언도 있고, 예수처럼 조물주 곁에 갈 수 있는 길이 열렸다고 외친 사람도 있었다.

그런데 조물주는 멀리 있는 것이 아니다. 우리 자신이 조물주 자체이다. 해석을 중생처럼 하니 중생이고, 해석을 죄인처럼 하니 죄인인 것이다. 해석을 입자와 질량으로만 하니 3차원에 꽁꽁 갇힌 것이다.

조물주 본래의 모습으로 돌아갈 필요는 없다. 왜냐, 본전치기이기 때문이다. 이미 당신은 구원받은 창조주 하나님이니까.

지금 구경하고 있는 3차원 극장이 싫다면 일찍 그곳을 나와도 된다. 극장에서 나오는 법, 이것을 거창한 말로 수행이라 한다.

수행하면 그 종류만 해도 책 몇 권은 쉽게 쓸 수 있다. 하지만 양자역학에서 알려주는 수행은 매우 간단하다. 관찰할 때 해석을 넣지 말라는 것이다. 있는 그대로 관觀하면 원래 모습으로 복귀한다는 얘기이다.

그런데 사실 이런 얘기는 2천5백 년 전, 싯다르타가 깨달음을 얻은 이후 언급하지 않았던가! 해석을 넣지 않고 관觀하는 법, 바로 위빠사나 수행 말이다.

불교 수행을 왜 정법이라 하는가? 그건 빙 돌아가지 않고 부처의 모습을 바로 공략하기 때문이다.

성철스님이 오랜 수행 끝에 「산은 산이요 물은 물이다」라고 읊은 것도, 바로 '이제서야 해석을 넣지 않고 있는 그대로 관할 수 있게 됐다'는 오도송의 의미를 담고 있다.

해석을 어떻게 하면 넣지 않고 관觀할 수 있는가?

　세간에는 생각을 적으로 삼아 해석을 끊는 참선을 택하기도 하고, 진언眞言에 집중하여 잡념을 잊기도 하고, 무소유를 실천하여 집착하는 마음을 버리기도 하고, 세상을 위한 봉사를 통해 이타심을 기르기도 하고, 순전한 마음으로 구원의 기도를 올리기도 한다. 하지만 서글프게도 그렇게 해서 성공한 이는 손가락으로 꼽을 정도로 적다.

　자기 자신을 찾는 일이 뭐가 그렇게 어렵단 말인가!
　이는 해석을 하지 않으려고 해서 되는 문제가 아니다. 어떤 의도가 들어가면 부지불식중 해석이 섞이는 까닭이다. 그렇기에 앞서 말한 정보·관계·우주, 이 삼총사와 친해지는 편이 낫다. 이 셋과 벗하고 이 셋을 이해하다 보면 저절로 해석이 없어지는 순간이 온다. 이들을 통해 고차원 지혜를 습득하다 보면 어느 날 문득 해석 없는 자신을 발견하게 될 것이다.

　해석 없는 관찰자!

　그것이 당신의 본래 모습이며, 창조주 하나님의 원래 상태, 바로 空이다. 여기에 해석이 붙으면서 차원과 우주가 생겨났고, 감상이 붙으면서 생명이 시작됐다. 존재하는 모든 것은 당신의 몸에서 떨어져 나간 정보들이며, 그 가운데 하나의 창구를 통해 당신이 지금 이렇게 구현되어 있는 것이다.

　당신이 애써 선택한 현재의 세계, 즉 3차원 극장이 종영되지 않았다면 구태여 벗어나려 애쓸 필요는 없다. 당신이 개똥밭에 구르든 지옥불에 처박히든 결국엔 분별의 스크린이 접히면서 원래의 모습으로 복귀할 테니까.

다만 이런저런 이유로 조속히 원래의 자리로 돌아가고자 한다면 '해석 없는 관찰자'가 되어 보는 것도 나쁘진 않다. 실존에 대한 지혜, 그것이 해석하는 습관을 버리게 하여 당신이 창조주 하나님임을 확인케 할 것이다.

싯다르타는 열심히 위빠사나를 가르쳤지만, 늘 그것의 위에 반야를 놓았다. 실존에 대한 올바른 깨달음이 전제될 때 비로소 해석 없이 관하는 위빠사나가 성립되는 연유이다.

당신이 믿든 믿지 않든, 이해하든 이해하지 않든, 무시하든 무시하지 않든 그 어떤 반응에 상관없이 현대물리학은 당신의 절대성을 여실히 증거하고 있다.

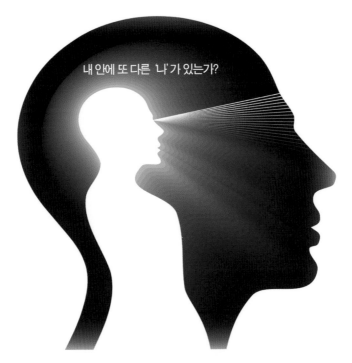

내 안에 또 다른 '나'가 있는가?

7 어떻게 살아야 하는가?

 이왕지사 3차원 세계에 유람을 왔으니 어떻게 한세월 즐겁게 살다 갈지 궁구해 보는 것도 나쁘진 않을 것이다.

 조물주라면 뭔가 좀 색다르게 살아야 할 게 아니겠는가. 허나 3차원 극장이란 것이 거의 비슷하여 유별나게 살만한 것이 별로 없다. 그렇기에 특출난 것보다는 내면의 가치를 우선하는 것이 좋다.

내면의 문을 열어 숨겨진 가치를 찾는 것보다
유익한 것은 없다.

물질만을 실험 대상으로 삼는 과학의 시대는 저물었다.
우리의 의식 역시 온전한 과학이다.

재미, 가치, 보람!

이상의 셋과 벗하면서 잘 지내면 그것만큼 유익하고 즐거운 삶도 흔치 않다. 세상에 저 셋을 얻는 방법이 무궁무진하니 필자는 간략한 훈수나 하나 두고 졸필拙筆을 마무리 지으려 한다.

앞서「정보·관계·우주」를 통해 실존을 논했다. 이 셋만큼 중요한 건 없다고도 했다. 그렇기에 가능하면 실생활에 활용해 보는 것도 나쁘진 않을 것이다. 정보는 의식의 성장을 이끌고, 관계는 사회적 위치를 넓히고, 우주는 자아의 존엄성을 회복케 할 것이다. 그런데 이런 상투적인 말과 그에 따른 실천은 복잡하고 재미가 없다. 그래서「정보·관계·우주」에 공통적으로 도움을 주면서 재미를 선사하는 것에 집중할 필요가 있다.

그런 것이 과연 있을까?
그것이 바로 첫 장에서 살펴본 바 있는 정보 에너지, 氣이다.

양자역학에서 관측되는 소립자들은 상태중첩으로 있다가 조건만 맞으면 언제든지 3차원으로 응축한다. 하지만 氣는 그 정도까지의 폐쇄성을 갖추지 못했다. 그래서 氣는 순전히 정보로서만 존재하고, 어떤 경우든 3차원적 결정을 내리지 않는다. 쉽게 4차원을 구성하는 질료라고 보면 된다. 그래서 氣를 느낄 수는 있어도 그것을 과학적으로 증명해 내기란 쉽지 않다.

앞서 차원론에서 살펴봤듯, 차원이란 어느 구석에 따로 떨어져 존재하는 것이 아니다. 그렇기에 4차원의 질료인 氣는 「정보·관계·우주」와 친숙해질 수있는 요긴한 열쇠가 된다. 그래서 본고에서는 다른 좋은 방법들을 뒤로 하고 氣를 권하고자 한다.

정보, 관계, 우주!
무릇 수행은 이 셋에 대한
깊은 이해에서 결실을 맺는다.

氣라 하면 그것을 모으고 움직이는 축기蓄氣와 운기運氣, 온몸의 기혈을 뚫는 소주천小周天과 대주천大周天, 외계와 순수공명하는 채약採藥, 우주와 합일하여 우화등선하는 양신陽神…등이 떠오른다. 여기에 대한 방법도 문파마다 가지각색이고 그 효용과 부작용 또한 천차만별이다.

氣는 정보이고, 그렇기에 의식에 반응한다. 다만 해석이 꽉 들어찬 의식으로는 그것을 모으고 움직이기 어렵다. 당신의 본래 모습인 창조주 관찰자를 떠올리며 氣를 다루어라. 氣는 원래부터 당신 몸의 일부였다.

그런 복잡한 것들은 모두 잊고 단순하게 접근하자. 왜냐, 당신은 창조주 하나님이니까.

먼저 해야 할 것은 정보에 대한 이해이다. 이것에 대한 이해가 부족하면 마른 땅에 파이프를 꽂고 물을 얻으려는 것처럼 헛물을 켜기 쉽다.

입자나 질량, 물질의 끈에서 탈피하여 정보의 실존성을 이해하는 일이 중요하다. 氣란 곧 정보 에너지이기에 정보에 대한 이해가 선행되지 않고는 氣와의 감응은 큰 폭으로 감소할 수밖에 없다. 정보에 대한 이해는 본서를 여러 차례 정독하는 것만으로도 충분하지 않을까 싶다.

氣를 외부에서 끌어오려는 것은 물질적 사고방식이다. 내면이 가라앉아 고요해지면 氣는 저절로 충만해진다.

정보가 무엇인지 이해가 됐다면, 그건 지하수가 있는 곳까지 파이프를 꽂은 것과 같다. 이제 스위치를 눌러야 한다. 그건 관계[공명]를 통해서 가능하다. 그런데 여기에도 순서가 있다. 선후先後가 맞지 않으면 합선이 되면서 지하수가 찔끔찔끔 나오게 된다.

관계의 시작은 내 몸에서부터다. 주변의 사람들보다 먼저 살펴야 할 것은 내 몸을 이루고 있는 생명 제국의 백성들이다. 유가儒家의 친친사상親親思想처럼, 가까운 것에 먼저 애정을 쏟는 것이 지소선후知所先後의 도리이다.

자신의 백성들 소리에 늘 귀를 열어 놓는 것이 중요하다. 그리고 측은지심惻隱之心으로 그들을 바라보라. 생명 제국을 위해 기꺼이 한목숨을 바치는 세포사멸을 떠올리면서 모든 세포와 장기들을 가슴에 담아라.
쉬지 않고 평생토록 일하는 그들의 노고와 희생을 내면 깊이 느껴라. 그러면 지금껏 닫혔던 자신의 세포 백성들과의 소통이 열리게 된다. 그때 다음의 세 구절을 순전한 마음으로 말해라.

미안하다

고맙다

사랑한다

어찌 보면 남세스럽고 유치해 보이는 말이지만 인간이 쓰는 말 가운데 이만큼 좋은 말도 드물다. 마음으로 위의 세 정보를 실어 전달하면 폐쇄된 벽이 허물어져 나간다. 심각한 경우라도 진심을 실어 반복하면 기적처럼 문호가 개방된다.

세포들이 보람과 기쁨을 느끼면 그들의 정보가 활짝 열리면서 주변의 氣가 저절로 몸 안으로 들어와 쌓이게 된다. 처음에는 그저 상쾌하고 개운한 느낌 정도만 받지만, 하루 이틀 지속하다 보면 어느덧 기감氣感을 이루게 된다.

그렇게 모여진 氣는 대맥帶脈이란 혈穴에 고여 단전이 된다. 단전丹田이란 체내에 산재한 기운을 한곳에 모아 관리하는 저장소이다.

내안의 세포들과 소통하는 것보다 더 좋은 웰빙은 없다. 오로지 일만 하다 죽어가는 잊혀진 그들 존재가 하나씩 깨어나면서 놀라운 변화가 시작된다.
사실 그들 세포들이 벅찬 보람과 가치를 느끼면 불치병이라 부르는 것들의 설 자리는 줄어든다. 어머니의 사랑이 듬뿍 실린 약손보다도 훨씬 큰 활력을 불러오는 까닭이다.
세포들의 눈물과 감동을 느끼는 당신…, 삶의 기적은 이제부터다.

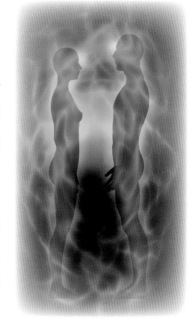

　세포들과 공명共鳴을 통해 주변의 기운을 모으다 보면 저절로 관계망이 넓어지게 된다. 체내를 넘어 외계의 대상들과 교감을 나누게 되는데, 이때 가급적 해석을 줄이고 관觀하는 훈련을 하면 좋다.

　위빠사나를 통해 내 안의 기운과 외계의 기운을 교류하라. 주고받고를 반복하다 보면 축기는 물론이고 저절로 운기運氣에 눈 뜨게 된다. 운기가 되면 그 이후의 과정은 누가 알려주지 않아도 저절로 습득해 나갈 수 있다.

　혹자는 '말이 쉽지 그게 어디 쉬운 일이냐?'고 반문할 수 있을 것이다. 쉽지 않은 일이란 것은 맞다. 하지만 그렇다고 하지 못할 만큼 어려운 일도 아니다. 관건은 '나'가 물질로 꽁꽁 싸매진 입자 덩어리가 아닌, '정보'로 된 우주적 존재임을 명확히 이해하는 데에 있다.

　학창 시절에 배운 바 있는 김춘수의 시 한 구절을 다시 한 번 떠올려 보자.

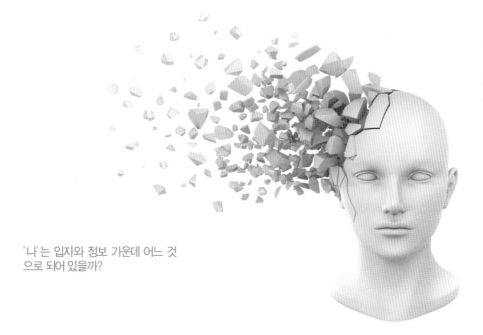

'나'는 입자와 정보 가운데 어느 것
으로 되어 있을까?

꽃

내가 그의 이름을 불러주기 전에는

그는 다만 하나의 몸짓에 지나지 않았다.

내가 그의 이름을 불러주었을 때

그는 나에게로 와서 꽃이 되었다.

내가 그의 이름을 불러준 것처럼

나의 이 빛깔과 향기에 알맞는 누가 나의 이름을 불러다오

그에게로 가서 나도 그의 꽃이 되고 싶다.

우리들은 모두 무엇이 되고 싶다.

너는 나에게 나는 너에게

잊혀지지 않는 하나의 눈짓이 되고 싶다.

우리 삶에 있어서 인식과 공명共鳴에 의한 관계가 얼마나 소중한지를 노래하는 시詩이다. 혹시 우리는 겉모습으로 치장된 형식적 관계를 이루며 건조하게 살아가고 있는 건 아닌가?

관계의 꽃은 공명이다. 공명은 피부 신호가 꺼진 거울뉴런처럼 너와 나를 하나의 방정식으로 묶는다. 그 방정식은 바로 인식과 이해를 수반한 사랑이다. 우리가 상대방의 존재를 인식하고 그 입장을 이해하고, 나아가 하나의 소중한 생명이라는 사실을 가슴에 담을 때, 관계의 꽃은 활짝 피어나 최상의 아름다움을 자아낸다. 이것만큼 값진 창조의 열매는 드물다.

이렇게 주변과의 아름다운 관계를 통해 시공이 넓어지면, 꽃에 향기가 나듯 氣가 저절로 충만하게 된다. 내 몸의 세포들로부터 시작된 공명을 주변으로 차츰 넓혀 나간다면 氣는 어느덧 내 곁을 감싸는 그윽한 향기가 되어 있을 것이다. 소위 말하는 주천周天과 채약採藥이다.

氣는 잠재된 당신의 본 모습, 쌌을 일깨우는 좋은 소재가 될 것이다.

이제 마지막 과정인 우주가 남았다. 말 그대로 동양 철학에서 누차 언급하는 소우주小宇宙가 되어 보는 것이다. 이것은 공명의 범위를 무한정 넓혀 나가는 과정이다. 이때도 요령이 있다. 무조건 우주를 화두로 삼는다고 답이 풀어지는 것이 아니다.

창조주가 3차원을 감상하는 통로, 즉 오감을 극대화하는 것이 좋은 방책이다. 시각, 청각, 후각, 미각, 촉각에 주목하라. 이 다섯 창구를 통해 당신은 3차원에 현현하고 있다.

오감의 만족도가 떨어지면 관찰자 空은 깨어나지 않는다. 하지만 오감 가운데 어느 하나라도 상당한 수준의 희열을 느낀다면 空은 깨어나 관찰에 주목한다. 즉, 당신이 환희를 느낄 때, 당신의 본성 역시 함께하게 된다. 불교에서 열반을 영생 이상으로 중요하게 다루는 것도 같은 맥락이다.

육체적인 즐거움 정도로는 관찰자가 깨어나지 않는다. 환희나 희열처럼 가슴 저변으로부터 감동의 파도가 밀려올 때 그분(空, 본성)이 깨어나게 된다. 설사 그분이 깨어나지 못해 깨달음을 얻지 못하더라도 당신은 어느덧 높은 지혜와 청명한 기운에 친숙해져 있을 것이다.

空이 3차원 극장을 관람하는 통로인 오감에 주목할 필요가 있다.

정신없이 스쳐 지나는 3차원의 회면들!
여기서 잠시라도 눈을 뗄 수는 없을까?

　음, 이 대목도 어렵다고 푸념하는 독자들이 꽤 될 것 같다. 경험을 통해 봤을 때, 오감을 통한 즐거움이 쫌이 깨어날 정도로 그렇게 크지 않다고 말할 것이다.

　사실 3차원 극장에 몰입된 정신을 쏙 뺄 정도의 환희가 밀려와야 하는데, 그게 결코 쉬울 리가 없다.

　왜 그것이 그토록 어려울까?

　「금강산도 식후경」이란 말이 있다. 아무리 즐거운 일도 배가 고프면 말짱 도루묵이란 얘기다. 마찬가지로 우리가 일반적인 즐거움을 넘어 열반에 가까운 희열을 느끼지 못하는 것도 배가 고프기 때문이다. 다시 말해 진리에 대한 배가 고파 그곳에 신경 쓰느라 오감의 만족도가 떨어지는 것이다.

진리란 실존에 대한 깨달음이고, 이것은 생로병사로 인해 생긴 배고픔을 일시에 없애 주는 명약이다. 그렇기에 진리를 복용해야 비로소 금강산 구경을 제대로 하고 오감의 만족도 최상으로 올릴 수 있게 된다.

물론 진리를 깨닫는다는 건 쉬운 일이 아니다. 하지만 본서를 정독해 나간다면 이해 정도는 충분히 할 수 있다고 본다. '실존이 대강 이런 것이 아니겠는가' 하는 가늠 정도만 해도 배고픔은 많이 줄어든다. 배가 든든하게 부른 건 아니어도 시장기는 면하게 되니 금강산 구경에 지장은 없게 된다. 이제부터 오감을 관찰하고 그것의 만족을 극대화하여 신나고 즐거운 인생을 살면 족하다.

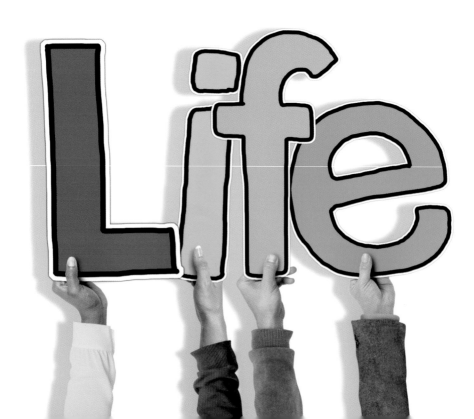

　요컨대 5차원 空은 하나지만 모습은 절대絶對와 상대相對의 양면을 띤다. 그렇기에 수행도 크게 보면 두 갈래로 나뉜다.

　첫째는 모든 것을 버림으로써 절대로 복귀하는 것이다. 아마 지구상의 모든 수행은 이 부분에 초점이 맞춰져 있을 것이다.
　둘째는 空이 상대를 창조한 뜻을 헤아려 최대한 가치 있고 즐겁게 사는 것이다. 다만 일반적인 즐거움을 뛰어넘는 영적 환희를 목표로 두어야 이것 역시 수행이 된다.

　절대로 복귀하는 수행이야 불도의 가르침에 잘 나와 있으니 그것을 참고하면 되고, 본고에선 우리의 삶 속에서 즐거움의 궁극에 이르러 득도하는 수행만 언급하는 바이다.

60억 인류 모두가 제각기 다르듯 수행의 길 또한 천차만별이다. 스스로에게 맞는 것을 찾는 지혜가 필요하다. 다만 그 수행이 어떤 것이 됐든 「정보·관계·우주」는 필수 항목이다.

따라서 정보에 대한 이해를 통해 지혜를 닦고, 관계를 통해 기운을 활용하고, 우주를 통해 관찰자 본연의 모습에 접근할 수 있다면, 당신의 3차원에서의 삶은 무엇보다 가치 있게 될 것이다.

다시 한 번 본서의 제목을 떠올려 보자.

나는 누구인가?

부록 차원론

어느 무엇에 의해 생겨나지 않고 스스로 존재하는 것을 가리켜 실존實存이라 한다. 별명도 여러 가지가 있다. 삼라만상의 모태이기에 조물주, 최초의 하나인 점을 들어 하나님, 만물의 본래 성품인 점을 들어 부처님과 같은 수식어도 따라붙었다. 좀 더 철학적으로 표현하자면 空이다.

空?

空의 정의가 「有도 無도 아닌 제3의 존재 형태」라는데, 이것 역시 어렵긴 매한가지이다. 이런 때엔 수학의 도움을 받는 것도 일책이 될 수 있다. 空을 수학적으로 기술하면 재밌게도 점點이 된다. 자, 점을 한번 찍어 보자.

좀 크게 찍긴 했지만 아무튼 점이다. 그런데 지금처럼 어떤 공간을 조금이라도 차지하면 이건 사실 점이 아니라 면적이다. 점은 위치는 있지만 면적이 없는 것, 다시 말해 「면적이 없는 위치」이다. 있긴 있는데 면적이 없어 그 실체가 없다는 얘기다.

참으로 아리송한 말이다. 없는 건 아닌데 그렇다고 실체가 분명히 있는 것도 아니니 말이다. 어디서 많이 들어보지 않았는가? 지금껏 머릿속을 괴롭혀오던 비유 비무非有非無…!

이처럼 점은 空의 특성을 수학적으로 표현한 것이 된다. 그래서 空은 점點이고 점點은 空이다.

자존自存하고 영원불변하며 삼라만상을 창조하여 주재하는 조물주 空이한낱 점 하나라니…!
그런데 사실이 그렇다. 달랑 점 하나가 모든 존재의 실체이다. 무한대로 펼쳐진 삼라만상 모든 것은 그저 점 하나에 불과하다. 그래도 그것이 無가 아니라 점 하나라도 되니 얼마나 다행한 일인가!

음, 말도 안되는 얘기 같다. 그럼 한번 물어보자. 점은 어디서 왔는가?

이건 3차원에 살기에 나올 수 있는 자연스런 질문이다. 3차원은 有와 無로 가르면서 생성된 곳이기에 이곳에 사는 생물은 예외 없이 有와 無를 점멸하며 생각을 일으킨다. 어쩔 수 없는 차원의 한계이니, 그 점을 인정하고 3차원식으로 有와 無로 갈라서 따져 보자.

본문에서 수차례 언급했듯 無란 것은 有 없이 홀로 존재할 수 없다. 有 역시 마찬가지이다. 그러니 有에도 無에도 속하지 않는 것만 존재가 가능한데, 그건 아무리 찾아봐도 점點밖에 없다. 점은 면적이 없어 有가 아니고, 위치가 있어 無가 아니다. 점이야말로 非有非無한 실존에 정확히 부합한다. 그래서 어김없는 空이다.

점에 억지로라도 차원을 붙이면 5차원이 된다. 우리는 구조적으로 4차원을 이해하는 것이 매우 어려운데, 그냥 생략하고 5차원 점으로 점프해 버리는 편이 더 빠르고 쉬울 수도 있겠다.

어쨌든 머릿속에 점 하나 제대로 찍으면 득도니 깨달음이니 성불이니 하는 문제는 그걸로 마침표를 찍는다.

점은 요술방망이다. 면적이 없어 모든 곳에 동시에 있을 수 있고, 위치란 것이 있어 뭐든지 그려낼 수 있다. 점은 면적이 없어서 연결될 수 없지만 특정한 곳에 동시에 존재하게 되면 그것이 연결된 것처럼 보여 선線이란 개념이 생긴다.

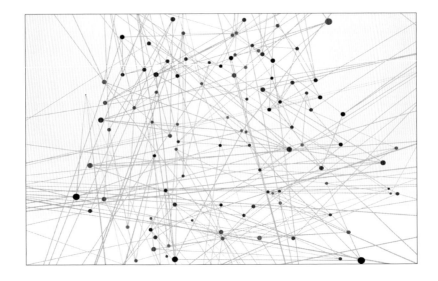

선이란, 점에 시작점과 끝점이 정해져 있는 것을 말한다. 이것을 1차원이라 하는데, 이때는 공간이 없이 시간만 홀로 존재한다.

다시 1차원 선에서 다른 방향으로 시작점과 끝점이 연결되면 시종始終이 없는 상태인 면面이 된다. 이때부터 공간의 개념이 붙는다.

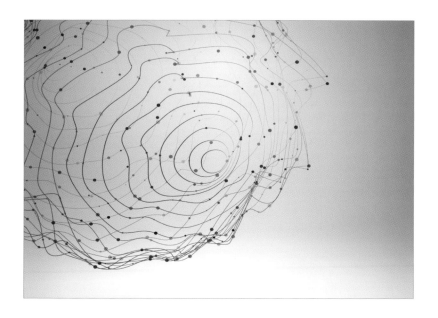

여기까지 정리하면, 점이 시간을 느끼면서 선이 되고 공간을 느끼면서 면이 되었다는 얘기이다.

1차원 선의 시간과 2차원 면의 공간, 이건 그 순서를 나눌 수 없을 정도로 동시에 생겨났다. 그리고 거의 찰나에 면적이 다른 방향으로 높이를 세우면서 3차원 입체가 생겨났다[1]. 그와 때를 같이하여 입체들이 자유롭게 뒤섞이면서 4차원 초입체도 생겨났다.

---

1) 물리학적 차원인 1차원(시간 1차원)과 2차원(시간 1차원 + 공간 1차원)…식의 개념과는 다르다. 여기서의 차원은 실존(實存)에 입각한 수학적 차원을 말한다.

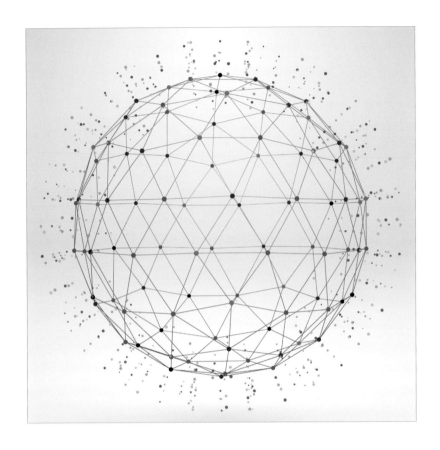

이때까지 걸린 총 시간은 너무 짧아 잴 수가 없다. 그냥 찰나라는 표현으로 대치할 수밖에 없다. 순식간에 5차원 점에서 4차원까지 생겨났다. 그 이후는 4차원과 3차원만 환유幻有의 상태로 존재하게 되는데, 그 둘이 바늘과 실처럼 붙어 바람에 나풀대는 것 같은 형국이 펼쳐지게 된다.

4차원의 정보들이 뭔가를 그려내다 보면 너무 응축하여 3차원으로 짜부라들게 된다. 또한 3차원의 물질들도 쪼개지다 보면 폐쇄성이 감소하여 4차원으로 기어 올라가게 된다. 이것이 마치 파도가 넘실대는 것 같은 진동을 일으키며 사공時空의 축을 뒤흔들고 있다. 그러면서 온갖 변화와 창조물이 가득 들어차게 되는데, 그 모든 것을 합해 보면 결국 남는 것은 점 하나밖에 없게 된다.

점에 머무름(着心)이 생기면서 1·2·3·4차원이 거의 동시에 생겨났다. 그리고 3·4차원의 그림이 그런대로 보기 좋아 이곳에 주로 머무르게 되니 소위 말하는 질서, 즉 천지창조도 발생했다. 머무름이 보다 강성해지니 물질에 이어 생명도 생겨나고, 여기서 더욱 초점을 맞추니 인간으로까지 진화하여 감상의 포인트도 갖게 되었다.

점의 머무름으로 인해 모든 것이 구체적으로 그 윤곽을 드러낸 것이다. 그래서 점 하나를 깨달은 석가는 일체의 머무름을 버려 본래의 점으로 돌아갈 것을 설하기도 했다.

점…, 그 점이 지금 어디 있는가?

이 글을 읽고 있는 독자의 내면 깊숙이 들어가 지금 생각을 일으키고 있지는 않은자…. 그 점點이 오감을 통해 자신이 창조한 세상을 감상하고 평가하고 참여하고 있다는 생각은 들지 않는가?

점 하나 잘 찍을 줄 알면 모든 공부는 끝이 난다.

실존과 창조와 열반의 비밀은 점 하나에 달려 있다.

에필로그

　더 이상 쪼갤 수 없는 입자들이 엉겨 붙어 세상이 만들어진 것으로 누구나 알고 있었다. 하지만 현대물리학은 입자가 파동에서 나온 것임을 속속들이 밝혀냈다.

　그런데 그 파동은 흔히 알고 있는 매질 속으로 퍼지는 진동과는 여러모로 달랐다. 마치 홍길동의 분신술처럼 매질도 없이 파도를 치면서, 상태중첩(superposition)과 양자도약(quantum jump)과 같은 마법을 연신 펼쳐내고 있다. 물질을 쪼개고 들어갔더니 난데없이 허깨비들의 신기루가 펼쳐진 것이다. 이것들이 우리 우주의 실체였다나…!

　파동이 일으키는 허깨비들의 잔치를 인정하면 우리 세상은 하루아침에 신기루로 전락할 것이다. 그래서 과학자들은 파동을 부정하지 않으면서도 다른 한편으로 입자를 모델로 한 설계도, 즉 표준모형을 그렸다. 이것이 실제여야 한다는 믿음 하나로 실험과 검증에 매진했고 그렇게 하기를 무려 반세기, 우리 우주에 가장 잘 들어맞는 모델을 선보이게 되었다.

　하지만 표준모형의 여러 가지 놀라운 업적에도 불구하고 입자가 실재實在한다는 증거는 아직까지 찾지 못했다. 힉스 입자를 찾고 그 이상의 입자를 발견한다 해도 어떤 알갱이로 이루어진 최소 단위는 존재하지 않는다. 우리에게 익숙한 표준모형에 나오는 입자들은, 3차원 세계에 편리하도록 임의로 질량을 붙여 만든 가공된 것들이다.

 가령 2차원 평면 세계에 '높이'라는 것이 등장했을 때, 그것을 이해할 수 없다 하여 허깨비로 치부하면 어떻겠는가?

 실험실에 나타난 사각뿔을 정확히 측정할 수 없다는 이유로 사각형과 삼각형으로 쪼갠다면 영원히 평면 세계에서 벗어날 수 없다. 물론 2차원 세계의 특성상 평면을 통하지 않고는 인지할 수 없기에 불가피한 선택일 것이다.
 현실이 그렇더라도 차원이 지닌 한계를 뛰어넘으려는 노력을 게을리 해선 안 된다. 무모한 것 같지만 역사는 그런 기발한 도전 정신에 의해 진보해 오지 않았던가.

 3차원 세계에 사는 우리들 역시 입체를 통하지 않으면 인식의 한계에 걸리고 만다. 그래서 존재하는 모든 것을 물리량이나 입자로 치환하여 따진다. 이렇게 해야 계산도 편하고 실제 물리법칙에도 잘 맞아 유용하게 된다.

 하지만 한 세기 전부터 더 이상 그런 방식이 먹혀들어가지 않는 상황으로 돌변했다. 물질을 너무 쪼개다 보니 4차원 세계와 경계를 마주하게 됐고, 그곳은 3차원 입체의 잣대로 헤아리기에는 너무나 불확실하였다.
 마치 동화 속 세상을 방불케 하는 그곳은 우유부단한 파동들이 제멋대로 움직이며 어느 공간이든 헤집고 다닌다. 정리되지 않은 단상斷想처럼 온통 앞

뒤가 맞지 않는 파동들로 채워져 있는데, 어찌 보면 3차원 감옥에 갇히기 전에 실컷 자유를 만끽하려는 듯도 보인다. 그러면서 3차원 폐쇄 정보와 맞닥뜨리기라도 하면 언제든 응축하여 입자처럼 모습을 꾸민다.

2차원 평면 세계에 사각뿔이 나타난 것처럼, 이제 우리 3차원 세계에도 4차원 존재가 등장했다. 이것을 이상한 나라의 괴물로 볼 것인지, 아니면 우리가 알지 못했던 고차원 세계의 영물靈物로 볼 것인지의 기로에 섰다. 전자前者처럼 여겨 거리를 둔다면 우리는 평면 세계 생물들이 한 것과 같은 실수를 되풀이하게 된다. 자신이 속한 차원의 잣대로만 해석하려 해서는 고차원의 수수께끼는 영원한 미제로 남을 것이다.

우리가 미시세계로 쪼개 놓은 곳, 그곳은 4차원과의 중립지대이다. 그래서 3차원의 통치 방식이 먹히지 않는다. 그렇다고 온전한 4차원의 질서를 따르지도 않는다. 이곳은 4차원을 구성하는 정보가 상당 수준 폐쇄되어 파동의 형태로 존재하는데, 그것이 3차원의 정보를 접할 때 응축하여 우리가 알고 있는 입자의 모습을 띤다. 그렇기에 3차원 세계를 만들어낸 물질들은 모두 파동이며, 더 거슬러 올라가면 정보이다. 그리고 정보의 모체는 5차원 空이고 말이다.

정리하면 차원에 따른 질료質料와 의식의 발전은 「물질 → 입자 → 파동 → 정보 → 空」의 순서를 밟게 된다. 그리고 소위 말하는 천지창조는 그 역순위가 된다.

물질	4차원 정보가 일정 정도 이상으로 강하게 폐쇄되어 어떤 구체적 실체가 있는 것처럼 보이는 환유(幻有)의 상태. 점(點)과 선(線)의 경우처럼, 입체로 된 물질 역시 결국엔 관념의 산물이다.
입자	폐쇄된 4차원 정보가 3차원이 시작되는 경계에 맞닥뜨려 어떤 알갱이가 있는 것 같은 모습을 띠게 된 상태. 이것이 실재한다는 착각에서 3차원이 시작된다.
파동	4차원 정보가 폐쇄되어 3차원으로 넘어가기 직전에 모호하고 불규칙하게 운동하는 상태. 주로 에너지로 활용되는데, 이것이 응축하면서 독특한 입자성을 만들어 낸다.
정보	가능성이 중첩되어 여러 가지 변화를 다양하게 일으킬 수 있는 4차원의 질료로서 파동·입자·물질의 본질이다. 달리 理라 하는데, 이것이 활동에 주력하게 되면 氣라 부른다.
空	有도 아니고 無도 아닌, 비유비무(非有非無)한 실존. 자존하고 영원불변하는 절대적 존재로서, 정보를 일으켜 삼라만상을 창조하고 주재하면서도 그 본성엔 변함이 없다.

이제 우리 세계는 과학자들의 노고에 힘입어 세 번째 파동의 위치까지 왔다. 여기서 다시 입자로 복귀하려는 저항이 만만치 않게 일어난다. 왜냐, 입자를 포기하면 3차원 우리 세계를 부정하는 것은 물론이고 그곳에 사는 인류 자체의 정체성도 증발하기 때문이다.

하지만 편리와 진실을 구별하여 조심스럽게 접근하면 잃는 것보다 얻는 것이 훨씬 클 것이다.

3차원 우물 안에 있기에는 인류의 지혜가 너무 크게 자랐다.

모쪼록 미시세계에서 파동들이 일으키는 기괴하고 신비로운 현상을 이해하려 힘쓰고, 여기서 한 발짝 더 나아가 파동이 정보라는 사실을 받아들이는 것이 중요하다. 이렇게 되면 우리 인류는 양자(quantum)가 도약하는 것처럼 3차원의 벽을 뚫고 4차원 문명으로 진입하게 될 것이다. 차원이란 결국 우주를 바라보는 관점과 해석에 의해 갈라진 것이기에, 우리의 인식을 바꾼다면 얼마든지 그런 고차원 문명을 실현할 수 있다.

필자는 비전공자로서 주제넘게 현대물리학에 관해 풀어 보았다. 천학에 의한 오류가 적지 않겠지만, 딱 한 가지만은 결코 양보할 수 없다. 그것은 바로 우리 우주가 정보로 되어 있다는 사실이다. 우리에게 친숙한 물질이나 입자는 정보가 일으킨 파동이 폐쇄되면서 생성된 부산물이다. 이 점을 명백히 해서 훗날 정보물리학의 탄생에 일조하게 된다면 펜을 잡은 보람은 충분할 것이다.

요컨대 2차원 평면 세계의 화두가 '높이'이듯 3차원 입체 세계의 화두는 단연코 '정보'이다. '정보'가 세상의 질료가 된다면, '나'는 피조물에서 벗어나 저절로 우주적 존재로 승화하게 된다. 그리고 그 '정보'가 空으로까지 연결되면 비로소 「나는 누구인가?」의 화두가 풀어지면서 실존實存의 의미를 찾게 될 것이다. 모든 사람들이 꼭 그렇게 되기를 소망해 본다.

붓다의 無上正等覺

中道論

惟湳 金埈傑 著

k-books

중도론 - 단예 김준걸 지음

「나는 누구인가?」

철학자라면, 불교 수행자라면 누구나 고심하는 화두이다. 그런데 이것
은 수행이 일정 경지에 올랐을 때나 가능한 궁극의 화두이다.

기초가 부실한 상태에서 이 화두를 잡게 되면 너무 막연하여 시간만 허
비할 가능성이 높기 때문이다. 그래서 「나는 누구인가?」의 화두는 아
래처럼 쪼갤 필요가 있다.

① '나'는 있다. – 참나, 眞我
② '나'는 없다. – 無我
③ '나'는 있는 동시에 없다. – 有而無
④ '나'는 있는 것도 아니고 없는 것도 아니다. – 非有非無
⑤ '나'는 空이다. – 空
⑥ '나'를 알 수 없다. – 不可知

당신이 이 문제를 보자마자 저절로 답이 보인다면 깨달은 것이다.
만일 아직 깨닫지 못했다면 문제를 보는 순간 머릿속으로 생각이 확
올라올 것이다. 그렇게 생각이 이리저리 굴러가는 순간, 이미 답은 없다.
힌두교의 깨달음으로는 「나는 누구인가?」의 답을 내리기 어렵다. 그
구조가 4차원에 걸려 있기 때문이다. 그 한계를 넘어서는 것이 세존의
가르침, 바로 佛法이다.

그렇다면 위의 여섯 가지 항목에서 어떤 것이 답일까?
이 문제의 답을 정오의 그림자처럼 뚜렷하게 제시한 것이 이 책이다.
지금껏 불교 철학에서 풀지 못했던 궁극의 화두를 다룬 책으로서, 관
심 있는 독자라면 확연히 다른 수준 높음을 피부로 체감할 수 있을 것
이다.